湖北省非物质文化遗产研究中心
（湖北美术学院）科研成果

造型非遗
衍生设计

ZAOXING FEI-YI YANSHENG SHEJI

编著　张　昕

参编　（按姓名笔画排序）

王　珺	田　星	吕　震	向嘉汇	刘祖喆
李文雅	杨　娜	肖清风	吴施婵	吴羡羡
陆瑶瑶	范军妮	胡挽澜	黄晓琪	黄　鑫
章　琪	盖月月	韩宇佳	喻　琴	曾知燕
管　悦	颜　慧			

华中科技大学出版社
http://press.hust.edu.cn
中国·武汉

内 容 简 介

造型类非物质文化遗产,是泛世界的人类文化记忆和视觉艺术载体,它们厚植于多元化的文化土壤之上,承载了各民族传统文化的民间技艺和时代审美,具备着鲜明的文化特征。从"非遗"形式、工艺、材料,到其呈现的文化内涵,都具有可再生的视觉属性,也是极具识别性的文化符号。

现代设计有着兼顾工艺与科学的审美特征,工业技术的发展使设计产品得以用于生活的方方面面,使用融入"非遗"元素的产品无疑是活化传统文化的最佳传承渠道。本书从视觉传达设计、家用产品设计和空间设计等领域,对造型"非遗"衍生设计展开案例分析,阐述如何转化"非遗"的表现形式和文化内涵,并应用到现代生活中。

图书在版编目(CIP)数据

造型非遗衍生设计/张昕编著.—武汉:华中科技大学出版社,2022.12(2025.7重印)
ISBN 978-7-5680-8188-7

Ⅰ.①造… Ⅱ.①张… Ⅲ.①非物质文化遗产-文化产品-产品设计-研究-中国 Ⅳ.①G122 ②G124

中国版本图书馆 CIP 数据核字(2022)第 231831 号

造型非遗衍生设计   张 昕 编著
Zaoxing Fei-Yi Yansheng Sheji

策划编辑:彭中军
责任编辑:段亚萍
封面设计:孢 子
责任监印:朱 玢
出版发行:华中科技大学出版社(中国•武汉)   电话:(027)81321913
　　　　　武汉市东湖新技术开发区华工科技园   邮编:430223
录　　排:武汉创易图文工作室
印　　刷:河北虎彩印刷有限公司
开　　本:889mm×1194mm 1/16
印　　张:7
字　　数:172 千字
版　　次:2025 年 7 月第 1 版第 3 次印刷
定　　价:69.00 元

前言 PREFACE

    造型类非物质文化遗产衍生设计,是各类艺术设计院校教学研究的新领域,也是近年来文创文旅产业从业人员关注的重要内容。拓展 IP 视野,贯通中外文创设计理念,充分借鉴造型类非物质文化遗产资源,十分必要。中外造型类非物质文化遗产,门类繁复,内容丰富多彩,民族特色鲜明,为文旅文创产业的艺术衍生品设计、文创 IP 的塑造和创意设计思路,提供了取之不尽、用之不竭的艺术源泉。

    本书从造型艺术类别入手,以中外成功的衍生设计案例分析,探究造型类"非遗"衍生设计的通用设计理念和模式,为广大专业师生和从业人员,阐释成功的设计案例内涵、设计灵感路径和设计语言载体,为设计实践提供参考模板。

作者

目录 CONTENTS

第 一 章

传达设计类

第一节　标志设计

1."非遗生活"标志

如图 1.1 所示"非遗生活"标志主要由花窗、八卦、山水、屏风和"非"字等元素组成。这些传统元素的构建不仅会留出想象的空间,同时也具备着多样性的解读角度。

图 1.1　非遗生活标志方案

（图片来源:站酷网　作者:01 天）

从标志主体外形元素上来分析,也具有多重含义。首先,标志的整体外形是一个中国传统的八卦图案,代表着中国文化中的易学思想。八卦由乾、坎、艮、震、巽、离、坤、兑等卦象组合而成,而每一个卦象都象征着天下事物的一部分,如乾卦和坤卦就是代表天空与大地。这八个卦象包含了世间的万事万物,也代表着"非遗生活"的品牌无物不包、无所不容,承载万象的气魄。

再则,标志外观采用八卦形状,在其中加入了"非"字,这个"非"字是作为此标志的骨架,支撑外围的八卦图案。"非"字自然是指非物质文化遗产,代表着非物质文化遗产虽然是天下万物的组成部分,蕴藏于八卦之中,但它也是重要的、不可或缺的珍贵宝藏,值得深入挖掘其中的价值。甚至万事万物的规律与道理也可以从其中获得,彰显着"非遗生活"品牌对于非物质文化遗产的重视程度。

而后,在"非"字的骨架上搭载花窗与屏风的结构。之所以选择这两种元素,是因为花窗与屏风都是我国古代园林设计与传统家具设计中的重要组成部分,且都是将实用的功能性与审美的装饰性完美融合的中国传统文化元素。花窗设计也秉承了我国园林设计中天人合一的重要思想与理念,也恰好与外观主体八卦蕴含天地万物的思想不谋而合。而屏风设计则是看重其装饰性,同时在其间加入山水元素,这与我国古代文化中独有的寄情山水的意趣有关。我国各朝各代的文人雅士都喜欢将情感寄托于山水之间,这是一种极其富有雅意的文化现象。此标志用山水作为装饰性元素也是在表现非遗生活品牌在引领一种民族的、雅致的、文化性浓重的生活方式。标志主颜色采用中国传统水墨风格的黑白两色,简约而又不失质感。

最后,在标志的字体设计上,考虑到非遗生活品牌贴近传统文化的调性,选择了古风的衬线字体。为了与整体风格相适应,此标志选择了直排排列,使其整体更富有大气、自然的感觉,也突出了标志品牌的文化性。

总体而言,此标志以八卦、屏风、花窗、山水为原型,组合成极富中国风的标志造型,所使用的元素都是中国的传统元素,极富中国传统文化意蕴,体现出中国传统审美;采用全包围的独特结构,寓意着"非遗生活"包含了传统文化和非物质文化的方方面面,是一种与生命紧密相连的非物质文化遗产传承和创新的集合产业。它充分象征了非遗生活品牌代表中国传统美学的文化性以及作为非物质文化遗产集聚的先驱性。

2. 2008 年北京奥运会标志

北京奥运会标志(见图 1.2),采用了印章形式,代表着中国传统文化,将汉字与图形相结合,融合了中国龙的精神,是中国设计的典范,极具东方文化特色,丰富了中国装饰艺术的精髓。

图 1.2　中国印·舞动的北京

(图片来源:百度百科——2008 年北京奥运会会徽

作者:张武、郭春宁、毛诚)

2008 年北京奥运会标志,将中国特色完美融入,奥运元素与北京特色巧妙结合。标志主体以印章的形式展现,通过夸张变形,将书法和体育运动结合起来,转化为摇摆舞动、奔跑向前的人物形象。标志的"人"形,融合北京神韵,与汉字"京"十分相似,具有浓郁的中国风味的同时,也能让人感受律动感,刚柔并济,是设计师的独特巧思。

　　中国传统文化符号印章,是整个奥运会标志呈现的主体,选用红色为主色调,传达和呈现了一种热烈喜庆的氛围,是一个能展现中国文化的特色标志。整个标志热情奔放,代表了北京的热情和真诚,欢迎世界各地的运动员和人民的到来。印章是中国传统文化艺术的一种形式,历史悠久,现在仍是一种表现社会诚信的形式,意味着北京的庄重承诺。①

　　标志"Beijing 2008"的字体设计,吸取了汉代竹简文字的风格特征,将其巧妙地融合到字体设计中,使其具有独特的内涵,有一种浑然一体的感觉,与图形和五环和谐统一。

　　奥运会标志的整体与部分,比重和谐妥当,中国印、字体、五环的布局和比例几乎完美,比例适当协调。奥运会标志设计,是彰显中国文化的一个重要表现,其给人的视觉冲击、其内在的文化内涵,都是在传递中国个性、中国文化根基。

3. 首都博物馆标志

　　首都博物馆的标志(见图1.3),灵感来源于九叠篆,博物馆全称用九叠篆的形式刻印。九叠篆,最初流行于宋代,是宋代的"国朝官印"字体,主要用于篆刻,其折叠程度取决于线条的复杂程度。首都博物馆标志设计,采用九叠篆的刻印形式,根据"首都博物馆"这几个字体的笔画折叠堆曲,标志整体对称,给人一种均匀感,字体整体的布局呈方形,大方稳重,填满整个印面。②

图 1.3　首都博物馆标志

(图片来源:设计之家 https://www.sj33.cn/sc/logo/ggsy/wenhua/202009/54100.html)

---

　　① 解读北京奥运会会徽[N]. 中国青年报,2003-08-04.

　　② Jerry 裴磊. 欣赏丨博物馆标志,你的省会上榜了吗?[EB/OL](2021-01-18). https://mp.weixin.qq.com/s/npBJ-gpPNFS_iNju4mnFPw.

首都博物馆的标志图形将中华民族文化精髓,历代文物及民间传统吉祥图案融入"首都博物馆"字样,以现代构成手法表现了北京(皇家玉玺造型)、文物(如意、方胜、盘长等吉祥纹样造型特征)、收藏(玉玺上下边框线所表现的归拢感)、展示(玉玺敞开左右两侧封闭边框线),以准确而独特的视角表现出首都博物馆博大深厚的形象。

七层的首都博物馆展示了首都北京的历史,层叠堆曲的标志,仿佛有种博物馆的楼层堆叠之感,高大肃穆的建筑跃然于纸上。首都博物馆的标志,代表了其对外展示的重要形象,具有深远的意义。首都博物馆的标志设计,造型特征明显醒目,具有鲜明的个性,蕴含深厚的文化内涵,给人深刻印象。

4. 浙江省博物馆标志

在中国传统的图案中,花、草、龙、凤、祥云等图案都是很受欢迎的。从古至今,这些元素在中国都非常常见,并且刻印在每个中国人的血液里,因此具有亲切感、亲和力,更贴近受众。

中国的这些传统图案之所以能转化为视觉符号,是因为它们在视觉艺术中体现了中国文化,代表了中国文化,具有很强的视觉识别能力。[①]

中国古代典型的建筑、器物等的造型作为标志设计的元素被运用到设计作品中,浙江省博物馆的馆徽(见图1.4)由书法线条组成,抽象的、肆意的书法线条,在挥毫之间就组成了传统建筑的轮廓。重叠的建筑依稀可见抽象出的亭台楼阁,层层叠叠的建筑形式,又仿佛一艘乘风破浪的大船,航行千里。馆徽整体写意非常,亭台楼阁的秀美,大船破浪的气魄,尽在其中,展现了浙江地域的独特人文精神和文化内涵。[②]

图 1.4 浙江省博物馆标志

(图片来源:搜狐 https://www.sohu.com/a/453429330_281086)

民族图形、符号是民族元素的外在表现形式,设计师运用民族元素,是对民族文化的直接体现。浙江省博物馆的馆徽设计,传统的艺术创作形式,从侧面反映了其所代表的民族精神和文

---

① 白雅虹. 中国民族传统文化元素在现代标志设计中的运用[D]. 中央民族大学,2007.

② Jerry 裴磊. 欣赏 | 博物馆标志,你的省会上榜了吗?[EB/OL](2021-01-18). https://mp.weixin.qq.com/s/npBJ-gpPNFS_iNju4mnFPw.

化内涵,在一定程度上营造了博物馆的文化氛围,是博物馆的精神投射,展现了博物馆的自身特色。[①]

第二节　包装设计

1. 皮影包装

"三尺生绡作戏台,全凭十指逞诙谐。有时明月灯窗下,一笑还从掌握来。"皮影是用兽皮和纸质材料做成各式人物形象,表演时利用光影效果,操作人物进行表演,所以又叫"影子戏"。在操作人物表演的同时配有符合情节故事的弦乐器的音乐伴奏,整个艺术形式具有浓厚的乡土气息。皮影艺术造型简约,具有强烈的辨识度,人物形象个性鲜明,喜怒哀乐表现生动,纹样装饰繁丽细致精巧,色彩搭配艳丽浓烈,具有强烈的视觉表现力。

如图1.5所示,皮影包装的设计色彩大胆而粗犷、鲜艳而浓烈,具有鲜明的地域性特征。以红、黄、青、黑、白为主要的色彩表现形式,原色、补色巧妙的搭配互补,在看似简单的色彩组合基础上创造出丰富的视觉效果,形成独具一格的色彩系统,彰显出独特的民族特色。包装设计中对原始的皮影色彩系统进行借鉴,与消费者头脑之中的文化、情感和认知形成共鸣,起到了促进消费的作用。

在此包装设计之中,借鉴传统皮影元素,对皮影最具特色的造型图案和色彩进行再设计,是对皮影艺术传承的表现。皮影艺术具有平面化、戏曲化等特点,其中夸张化的表现形式是其区别于其他艺术门类的一个重要特征。皮影是幕影艺术文化,运用灯光、舞台的一种形式,其表演领域广泛,表演方法灵活,具有广泛的群众基础和旺盛的艺术生命。在现代包装设计之中运用形式美的法则,对皮影的造型形象进行提取,凸显产品的特性和主题。传统的皮影形象与商品内容相融合,创造出独具皮影艺术特征的商品新形象。包装设计中的图形图案设计,是一种展现企业文化内涵和产品特性的视觉语言,往往比文字说明更加具有吸引力。图案的表现形式多样,照片、绘画、插画等都具有较强的图案表现力。皮影民间艺术对产品包装的内容含义有着很好的强化和深入作用,它独特的艺术形式容易引起人们的内心共鸣。产品包装上的文字、色彩和图案纹饰,不仅仅是作为一种"视觉元素"的分辨物,与同类商品区分开来,还能划分商品的性能,加快商品的交易流通。

在当今的社会,产品与包装逐渐融为一体,不可分割。出色的产品包装设计使顾客一见到包装就会想到某一企业的产品。从广义上讲,所有的商品的外部形态都是包装,它的存在就是要把商品保护得更好。现代产品包装不仅仅起到在流通中保护产品的作用,更是把企业产品的价值和理念转化为生动可感的具体图像,从而准确传递和深化品牌内容。包装设计是艺术和商品二者的结合点。优秀的包装设计能提高产品艺术性,而当代的产品包装设计更是与艺术密不可分。

① 蔡端懿. 当代博物馆标志形象设计趋势研究[D]. 江南大学,2011.

图 1.5 泰山皮影包装

（图片来源：站酷网 https://www.zcool.com.cn/work/ZMjcyODgxNzI＝.html

作者：祺壹）

2. 剪纸包装

剪纸，是中国传统民间艺术，剪纸从颜色上分为单色、套色、点色、填色、分色、衬色，从工艺技法上有阴刻和阳刻两种类型。英法两国的剪纸经常采用黑白或彩色的艺术表现形式，主要是以外轮廓的动势和造型来表现事物个性，很少运用中国剪纸之中的镂空技术。中国的剪纸最多的题材就是吉祥传统纹样，"年年有鱼""莲生贵子""福鹿安康"等形象，表现出人们对美好生活的向往和追求。

如图 1.6 所示的包装设计，对剪纸镂空艺术进行借鉴融合，祥云圆月嫦娥、富贵牡丹花等中国传统剪纸纹样元素利用剪纸镂空艺术形式表现出来。在中国传统的文化语境之中，蟾蜍具有旺盛的繁殖能力，常作女性繁衍之寓意，嫦娥奔月的神话就具有了一种祈求生育的美好愿景。嫦娥奔月更是古代人们对死亡的诗意性表达。古人无法理解和接受个体的死亡和生命的终结，而由一种短暂的生命形式转向另一种理想化永久性的存在。古人通过这个审美化的转变，让死

亡这个对生命绝对否定的存在不再是难以接受的事实。嫦娥、圆月、祥云的形象运用在中秋佳节月饼的包装设计之中，提升了产品的视觉表现力和价值，诉说产品文化和内涵，引起消费者情感方面的共鸣。剪纸艺术以简单的线条刻画组合，达到良好的视觉装饰效果，以自身独特方式展现事物美感，表现出创作者对世界万物的独特感受。此月饼包装对剪纸艺术的巧妙运用，可以有效地促进产品传播和树立良好的企业文化形象。将传统剪纸镂空的表现技法与现代包装相结合，赋予了包装不同的价值使命，让人们在使用产品的同时感受到剪纸艺术的赏心悦目。把剪纸艺术恰如其分地运用到现代包装设计中去，让它回归生活日常，实现传统艺术与现代生活的交融互动，把人们对于传统文化的追慕融入简单的产品的寄托中去。

图 1.6　稻香村和剑网三大 IP 合作制作的剪影中秋礼盒

（图片来源：搜狐 https://www.sohu.com/a/340403773_349231）

　　该包装设计中的镂空工艺，使得产品呈现出一种高雅的民族风格。在包装外观的设计上，把镂空技术、传统图案和现代几何图形相结合，是现代创新的呈现方式。在该包装的设计制作中还运用了三维立体镂空、套色的艺术手法。镂空产品的外观设计，使得产品包装更具质感，更具艺术气息。这种新颖的方式能够很好地抓住顾客的眼球，从而提高了品牌的推广和销售。

　　镂空的艺术表现，不局限于纸质材料，如运用玻璃瓶体的变化将玻璃制品镂空，如 GUCCI 古驰罪爱香水，镂空的标志和瓶体造型极富艺术张力。

　　我国因地理环境和风俗文化的不同，导致剪纸呈现出地域性差异。北方剪纸浑厚粗犷，有秦汉遗风，最有代表性的是"抓髻娃娃""蛇盘兔""鹰踏兔"等，反映出北方地区人们对古代神话与民俗的传袭。南方剪纸严谨秀美，讲究线条和画面构图，对花鸟人物和名胜古迹的刻画精巧秀丽、玲珑剔透。各国地域和文化差别更是极大，表现剪纸的艺术方式和内容也不尽相同。所以，在进行产品包装设计时，必须充分考虑到地域色彩文化的影响。

3. 川剧脸谱包装

川剧作为中国地方戏,流行范围广泛,四川、云南等地区群众基础深厚。川剧脸谱是川剧独特的艺术表现方式,是历史和文化积淀的舞台妆容。川剧表演中,尤其以变脸最具特色、声名远播。

在图 1.7 所示的包装设计之中采用川剧脸谱变脸的形象,没有过多的细节表现,把川剧脸谱的繁杂的形式与色彩表现进行抽象色块化处理,仅保留其大的色彩关系和个性化特征,与黑色的底部色彩形成鲜明的对比,营造出一种独特的文化意境。首先最外部的包装是镂空的川剧脸谱,随着包装一层层打开,包装上的脸谱就会不断地发生变换,具有川剧变脸的效果。川剧脸谱采用夸张的艺术处理,色彩表现丰富,通过妆容色彩的变化传达出人物个性特征。造型精美的川剧脸谱,独具地方人文之美和巴蜀意蕴。不同川剧脸谱妆容能够表现角色年龄、身份地位、善恶忠奸等品性,对剧中人物角色有很好的诠释作用。川剧脸谱在漫长的发展过程中,形成了浓烈的色彩搭配体系、独特的构图表现形式。

图 1.7　脸谱包装设计

（图片来源:站酷网 https://www.zcool.com.cn/work/ZMjczMTcyNzY=.html

作者:董维）

川剧脸谱的艺术表现方式可分为"抹脸""吹脸""扯脸"。川剧脸谱妆容的变化形式都是根据这三种来的,具有程式化倾向。黑、白、红是川剧脸谱最常用的色彩,从而形成自身独特的色彩系统。一般来说,红色为主的脸谱代表忠义勇敢,黑色代表忠耿正直,白色代表奸诈。

在该系列包装之中,对戏曲脸谱元素的借鉴与运用主要在形、意、神三方面。至关重要的是对元素的抓取,然后对其提取的元素进行取舍和结构重组,以平面化的方式进行表现,重新让大

众感受到川剧脸谱文化的魅力。其次是"意"的表达,包装设计中的川剧脸谱元素,能够很好地展现出商品独特的地域性特征,和其他同类产品有了鲜明的分别。运用这一设计元素对产品的文化品位有着极大的提升作用。最后,包装设计中最为重要的是对传统文化元素"神韵"的传承,对"神"的领悟与传承是设计的至高境界,延续其意的表达。

现代包装设计把川剧脸谱与包装设计二者相融合,脸谱自身独特的装饰性特点,对产品的视觉传播和接受有着更好的促进作用。现代包装设计中对传统元素的运用不能仅仅停留在形式的层面,而必须找到产品特性与传统元素文化的契合点,让产品包装设计能传达川剧脸谱的"神",但是这个过程绝不是传统元素机械重复的组合拼贴。

第三节　海报设计

1. 竹编海报设计

传统竹编工艺历史十分悠久,考古资料证明,早在新石器时期便有了竹编的痕迹。竹子取材容易且材料劈开简单,塑造性强,能编易织,早期主要依附在器物上进行编织。另外,人类为了更方便生存,生产出各类工具,并开始编织一些简易的筐篓进行载物。随着时间的推移,竹编技术也在不断地发展。

竹编工艺源自中国劳动人民的辛勤劳动和实践,2008年被国务院批准列入第二批国家级非物质文化遗产名录。

竹编又分细编和粗编两种,粗编为用宽大的竹篾条子进行简易的编织;细编为用纤细的竹丝或竹篾中薄薄的纤维层进行精细编织。主要编织流程可分为起底、编织、锁口三道工序。以经纬穿插,并通过灵活变动经纬的节奏构成图形,另外还可在编织的基础上进行一些另外的技法,如疏编、插、穿、削、锁、钉、扎、套等。丰富多彩的编织技法使得竹编技艺变得更加精美。

在竹编工艺中,大多采用原色——天然的竹篾进行编织,为使编织的样式更加美观,智慧的竹编艺人,还配以其他色彩的颜料对原色的竹片或者竹丝进行染色处理,再通过不同的编织技法,使得竹编的图案与色彩相互搭配,构成新的花纹。

如图1.8所示,本海报设计便是综合了多个颜色、多个编织技法形成的竹编面进行组合设计。海报中采用二分法分割空间,海报左侧呈现的是不同样式的竹编,共组成21个小长方形方框,每个方框内有不同的竹编图案,编织细密,设计感极强。高清细腻的编织纹样排列,使得观者可直接感受到竹编的魅力。海报右上方有一大字——竹,仍是为了深化主题,下方用楷体中英文书写,注明展览主题、时间、地点。该作品是一幅主题鲜明、简约严谨的海报。

2. 漆海报设计

漆,又称大漆,主要成分是漆酚、漆酶、树胶质和水分,是大自然中一种名为漆树的树脂分泌

图 1.8　竹编海报设计

（图片来源：微信公众号——温故·非遗展海报设计鉴

https://mp.weixin.qq.com/s/Kb_EQdOkdCKafDRNeeVJ8Q）

物，通常在 4—6 月份进行收割收集。刚割下来的为生漆，经过过滤杂质处理后存放使用。而生漆通过加温精制后便为熟漆，熟漆中再加入颜料便可以得到彩色漆，日常生活中使用的主要是熟漆。生漆和熟漆还可以与熟的桐油进行调和，配置为广漆或做成另外的改性漆酚漆。漆料可以用于日常生活中的器物或家具、工艺品的表面，经过上漆后，变为漆器。

　　漆料作为涂料涂抹在器具上，由于其特殊的物理特性，有耐高温、耐潮湿、防霉、防腐蚀、防虫咬的特殊功能。很早以前，中国古代先民便发现了漆的这一功能，便配合不同的矿物颜料，制作了大量的丰富多彩的漆器。在中国工艺美术的历史上，中国的漆器在商、周时期已经有了较高的技术水准。同时，中国漆器的高度发展同样影响了海外国家。

　　中国的漆器品种繁多，其中以木胎的漆器最为常见。此外，漆器的制作技术十分精湛，包括描金、填漆、螺钿、点螺、金银平脱、堆漆、雕漆、平漆、戗金、堆红等。

　　如图 1.9(a)所示，此海报设计便是以中国漆文化为题材设计的海报，背景色则是采用漆器传统的生漆色——纯黑色为底色，突出黑漆的光亮致密。黑漆之上有点点螺钿，形成精美的纹样，对称均衡、古雅秀美。此纹样占据海报左边三分之二的空间，将漆器的精美和技艺的高超体现了出来。海报右边则用楷体中英文书写，注明展览主题、时间、地点、承办方、主办方。整幅海报将漆的乌黑光亮和螺钿纹样的细腻与精美衬托了出来，黑、白的对比，给人以视觉冲击，夺人眼球，是一幅主题明确的海报作品。

　　如图 1.9(b)所示的漆文化海报作品，背景为纯白色，主体图案则是以地方性古建筑为底，上有调漆的图片，交叠在一起，其目的是用漆配合建筑，将"非遗"的历史厚重感凸显出来。旁边配有"始·终""从一而终""非物质文化遗产"等字样。整体简洁大方、主题鲜明。

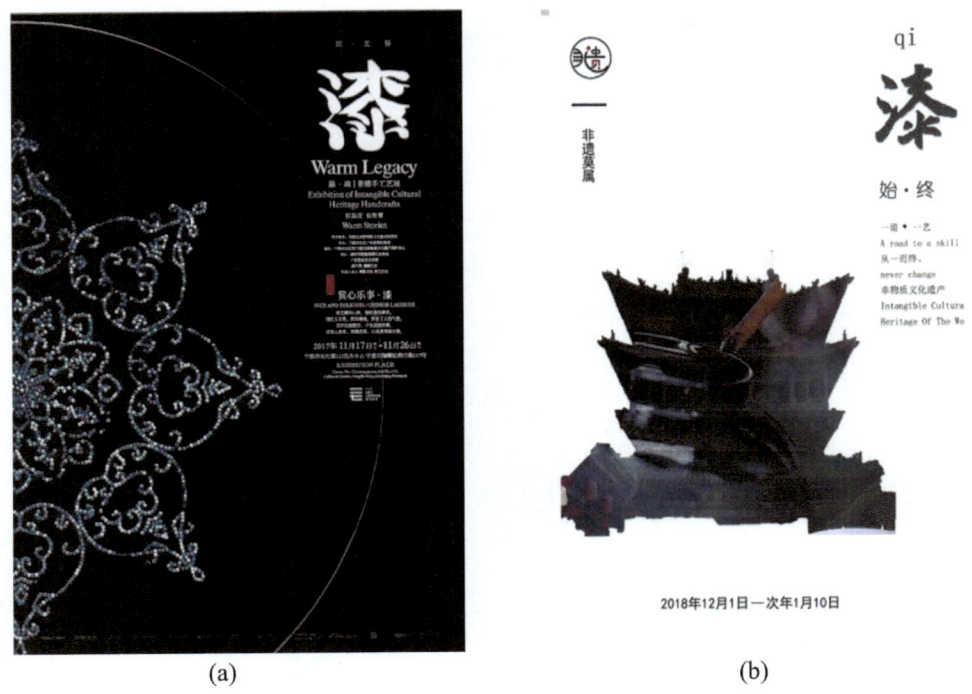

(a)　　　　　　　　　　　　(b)

图 1.9　漆海报设计

（图片来源：微信公众号——"温·故"非遗手工艺展系列海报设计
https://mp.weixin.qq.com/s/P7jeUL9i9pPF_mvbkPT9QA）

3."去哪儿·非遗非常潮"海报衍生设计

随着国民经济的快速发展,国货品牌迅速崛起,"国潮"风格作为当下商业海报中最为流行的设计风格之一,逐渐兴起并广为传播,成为彰显国货品牌独特魅力价值的艺术载体,深受年轻人的喜爱。"国潮"风格以中国传统美学思想为支撑,结合多元化的时尚元素与个性化的设计手法,展现中国传统文化的别样风采。而且,"国潮"风格海报将中国本土文化贯穿于设计之中,使作品更具人情味与温情感,满足了大众对于作品精神层面的需求与情感寄托,使感官刺激转化为情感共鸣。"国潮"风格的海报设计,是中国传统文化与时代文化的融合与碰撞,反映出人们对自身文化的归属感和认同,在发展中国本土文化的同时,也推动了当代中国招贴海报设计的革新。

近期在"去哪儿网"打造了"国潮之旅",开通了数百条连接城乡的"非遗"旅游线路。线路连接东部经济区和西部"非遗"保护区,不仅扩宽了旅游的方式,同时也打开了国民旅游的新思路,此次"国潮之旅"的开展,具有丰富的旅行内涵和体验。由此设计出了"非遗非常潮"海报,如图1.10所示,旨在将传统非物质文化遗产进行传承,通过悠悠传唱的秦腔、摩梭人的甲搓舞、历经千年的唐三彩、全民健身的抖空竹,经过民间的"非遗"与潮流元素的融合,赋予了当今海报新的意义。

唐三彩海报以张弛有度的线条与浓墨重彩的画风,将海报中暗含的韵律感与节奏感表现出来,以描绘"非遗"传递内在情感。"甲搓舞"是我国第二批非物质文化遗产项目,是四川凉山泸沽湖摩梭历史经典舞蹈,展现出摩梭女人勤劳、善良的品德。这幅海报设计依靠图形、纹样、色

图 1.10 "去哪儿·非遗非常潮"海报设计

（图片来源：站酷网 https://m.zcool.com.cn/work/ZNDAxNjM0NjQ=.html

作者：噩梦中的大脸）

彩、文字四大元素的变换与组合，表现了"非遗"民间艺术的源远流长，引起大众的情感共鸣。这组作品以现代创新理念重新解构传统元素，使海报具有独特的视觉表现力与震撼力。随着民族自信心的不断增强，大众的审美意识也有所增强，越来越多的人开始从关注海报的外在表现，转向对其深层次精神文化的研究。"非遗非常潮"主题海报把传承了几千年的"非遗"民间艺术融入作品中，体现了中国丰富的传统文化，让更多人关注"非遗"文化。

综上所述，在新媒体传播背景下，去哪儿网首次提出的"国潮之旅"，带给大众新奇的感受，"国潮"风格海报设计以现代设计的形式，实现传统文化的个性化转化与表达，使传统元素成为时尚潮流设计的组成部分之一。同样，去哪儿网文化旅游产业也开始有意识地运用"国潮"风格海报设计进行宣传，通过对传统文化元素寓意与造型的解构，增强海报本身的设计内涵，从而得到及时有效的推广。

4. 沂蒙精神海报衍生设计

皮尔·门德尔认为："海报不仅是为了引起人们的关注和理解，而且更是一种美的语言，它能映射出一个国家的民族传统与社会文化。"我国的海报设计如今已经由样板化到模仿借鉴，逐步朝具有民族特色的本土化设计的方向发展。海报设计作为当今最具艺术性的设计媒介之一，是传播人文特色和民族风格的重要个性载体，是及时反映时代精神的一面明镜。

为纪念中华人民共和国成立70周年，设计了两幅海报，如图1.11所示，围绕"沂蒙精神"，采用的是山东沂蒙非物质文化遗产的剪纸工艺、雕版刻画镂空进行整体设计。图1.11(a)所示的海报将山东"非遗"剪纸工艺与蓝染艺术相结合，"沂"字之下隐约透露出"沂蒙精神"四字，将剪纸艺术的精美和技艺的高超体现了出来。该作品完美地将剪纸工艺融入现代海报设计中，画

面的底部采用的是质朴的牛皮纸,结合了蓝印花布,黄、蓝色的对比使海报视觉效果突出,夺人眼球,是一幅主题明确的海报作品。张道一先生曾说过,"民间艺术是一种本元文化",民间艺术有着"原发性"的特征,在当今高度文明的社会,我们的设计必须挖掘我们本民族和地区的优秀的文化。

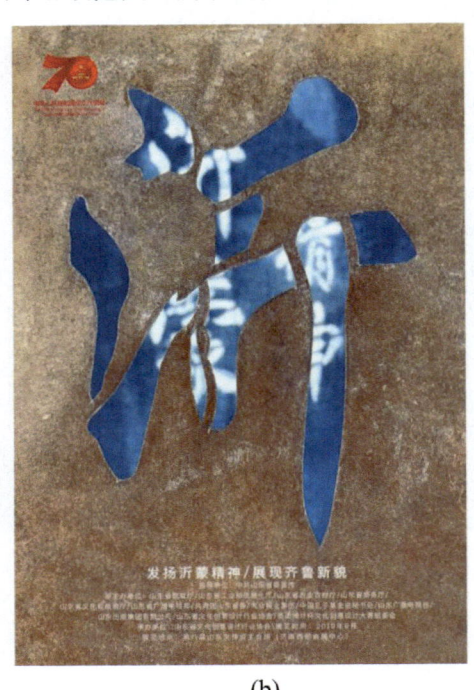

(a)   (b)

图 1.11 "沂蒙精神"海报设计

(图片来源:"沂蒙精神"之光影相守系列海报 作者:盛玉雯、李湖月)

在现代海报设计中,传统的工艺手法同样融入了海报里,如民间美术里的剪纸镂空艺术经过长时间的创作实践,为后人提供了源源不断的灵感,使中国五千多年来的本土文化得到了传承与发展。图 1.11(b)采用雕版中的镂空所产生的光影效果进行设计,海报中的底部是"沂",掀开牛皮纸的一瞬间展现给我们的是"沂蒙精神",为了深化主题,"沂"和"沂蒙精神"形成了强烈的光影对比,右下方的阴影中隐约透露出了山东的"非遗"剪纸,将民间美术和"沂蒙精神"主题完美结合,是一幅主题鲜明、简约严谨的海报。

第四节 书籍设计

1.《湘·傩面》书籍装帧设计

湘西傩面有着独特的艺术感染力,不仅体现了原始先民驱除鬼魅、祈祷平安的追求,也体现了他们对自己未知命运的恐惧,这些傩面具可以给他们无限的精神力量。湘西有各种傩面具,其造型独特、色彩丰富、色调热烈、线条粗犷、用料质朴、工艺古朴,成为我们了解湘西地区文化的珍品。

《湘·傩面》一书的设计(见图1.12)保留了傩面的视觉规律,其整体的线条使用、色彩的搭配都有一定的规律可循,通过夸张变形等艺术手段赋予整个图书封面以生命和个性,不仅给大众新的视觉感受,而且直接传达出了傩面具背后的文化,无形之中扩大了傩面具的传播,被大众广泛认知。①

图1.12　《湘·傩面》封面

(图片来源:《湘·傩面》封面　装帧设计作者:葛慧)

　　傩面具整体造型的艺术表现力已较为显著,《湘·傩面》装帧设计,通过对傩文化的了解,提取傩面具中具有特色的元素符号,展现极其夸张的造型和生动的表情,充满了趣味性。封面设计极具张力,能够抓住人们的眼球,激发人们的兴趣和好奇心。傩面整体造型有趣、对称、刻画精美,注重造型图案和人物性格的刻画。在封面设计中,同样可见设计师运用夸张的线条,勾勒出神态鲜活、规整精致的傩面形象,展现傩面具独特的造型美。

　　湘西傩面具色彩夸张、样式丰富、别具一格,线型纹样有曲线纹、水波纹、刀形纹等。封面设计傩面造型后,采用了具有特色的线条纹样进行搭配,疏密交错,粗细相间,曲直变换,整个封面线条使用和谐统一,极富艺术感染力。这些线条纹样和傩面造型相呼应,带有一丝驱邪镇妖的

　　① 杨元,那成爱,李天舒.湘西傩面具造型艺术特征及其创意衍生品设计[J].包装工程,2020,41(16):317-322.

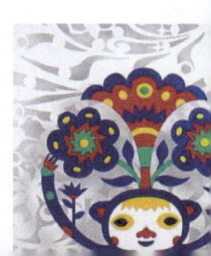

吉祥意味。

湘西傩面具的颜色主要是红、黄、白、黑,不符合传统的美术色彩原则。[1] 整体书籍封面设计,色彩的应用是有规律的傩面色彩的延续,用色鲜艳浓重,展现出大胆有力、热烈夸张的艺术表现力,表现出色彩的对比和跳跃,将封面傩面具元素进行了清晰生动的展现。

湘西傩面的民族风情和原始韵味,离不开它原有色彩的使用,天然的矿植物颜料,使得傩面色彩饱和度低、明度较低,造成了它与其他面具的不同。[2] 设计师在面具造型的设计上,也将湘西傩面的民族风情展现得淋漓尽致,粗犷造型的面具设计,给人一种野性之感,多了一些灵性的神秘感。

湘西傩面具本身蕴含着深厚的文化内涵,其承载着多重的艺术元素和符号。《湘·傩面》书籍装帧设计通过适当的手段,对传统的傩面具的艺术元素进行再创造,不仅让大众熟悉了解湘西的傩面具,也更好地传播传承了傩面具文化。

2.《曹雪芹风筝艺术》书籍装帧设计

《南鹞北鸢考工志》是文学巨匠曹雪芹撰写,鲜有人知,记述了风筝的四艺,包括扎风筝、糊风筝、绘风筝、放风筝,他把这些画成图谱,用通俗易懂的语句,变成工艺歌诀收集起来。[3] 这本书讲解说明风筝的制作方法,中国传统的民间工艺"曹氏风筝"就来源于此。《曹雪芹风筝艺术》这本书的内容来源就是《南鹞北鸢考工志》。

《曹雪芹风筝艺术》装帧设计(见图1.13)注重形式与内容的统一,其内容就是中国传统的风筝艺术。设计者基于对传统风筝艺术的理解,装帧方法选择了传统的线装。传统的六孔线装古朴典雅,是中华民族独特的文化精神和艺术魅力的体现,设计师很好地表达了中华文化的美感,书卷气十足,具有内涵美。

字体选用中文楷体,书写方式也参照古籍,纵向排列,从而体现图书的文化内涵。整体的文字根据主要内容和章节进行编排,不同字体的使用,使得整个页面布局清晰、阅读流畅。

视觉艺术的艺术特征体现在简洁明快的封面、优雅灵活的布局和整体形象的统一上。封面和内页的虚线反映了"风筝"主题的含义,给人以自由、飞翔和舞动的感觉。

整本书的设计体现了中国传统书籍设计的精髓,青黛色的封面是古代线装书常用的颜色,同时选用风筝图案,状似风筝在空中飞翔,展现风筝的魅力,形成一幅舒适惬意的放风筝画面,展现了"曹氏风筝"的动态之美。风筝图案、书名、作者、出版社信息在整个封面的左半部分,只占了小小一部分,在大面积青黛色背景的映衬下,显得十分醒目。左边虚线和右边的装订线相互呼应,整个画面充满了节奏和韵律之美。[4]

装帧之线与风筝之线暗自呼应,通过细节展现整本书的设计巧思。设计师将中国传统书籍

———————————

① 杨元,那成爱,李天舒.湘西傩面具造型艺术特征及其创意衍生品设计[J].包装工程,2020,41(16):317-322.

② 程明月.湘西傩面具文化创意产品开发设计[D].湖南工业大学,2019.

③ 杨恩举.民族艺术研究之精髓,装帧设计教学之楷模——评《曹雪芹风筝艺术》[J].出版广角,2016(14):84-85.

④ 杨恩举.民族艺术研究之精髓,装帧设计教学之楷模——评《曹雪芹风筝艺术》[J].出版广角,2016(14):84-85.

图 1.13 《曹雪芹风筝艺术》封面

（图片来源：《中国最美的图书》

https://mp.weixin.qq.com/s/STFehhus7zZp8gOwbQb5SQ

装帧设计：赵健工作室）

设计理念与现代视觉设计相结合，展现了简洁灵动的视觉流程和设计风格，使这本书的装帧设计得到了广泛的认可和推崇。

3.《清·孙温绘程甲本图文典藏版红楼梦》书籍装帧设计

为纪念曹雪芹诞辰 300 周年，经龙装《清·孙温绘程甲本图文典藏版红楼梦》（以下简称经龙装《红楼梦》）历时 4 年半，整套书以经龙装的形式装帧完成，内页装裱龙鳞页，图书展开，有种龙游书中之感，震撼非常（见图 1.14）。

经折装和龙鳞装这两种装帧形式的现代结合便成了经龙装，经龙装是中国传统装帧形式的现代创新，是突破传统的全新装帧形式。经龙装改变书页原有的画面，使之随着图案的变化而游走，突破传统的书籍装帧规则，展现戏剧效果，给读者带来全新的阅读感受。从文字和纸面进入设计师营造的旅境，页面展开形成空间的高度和深度，起伏延绵，一步步为读者打开一个精彩的内容空间，读者走入其中，开始了一段有关文字、纸张和书页的奇妙旅程。[①]

从经龙装《红楼梦》的内页设计来看，与龙鳞装的原理几乎相同，但层次是从卷轴到折叠，每次折叠都必须根据内容来计算。

旅顺博物馆收藏了 230 幅清代孙温创作的《红楼梦》画作，为了最大限度地恢复其画作的原貌，整本书采用了木活字摆印（见图 1.15），还原画作的同时，也使整本书更加典雅美观。图片

---

① 世纪珍藏.悦目赏心，古代龙鳞装今世再现［EB/OL］.（2017-02-19）. https://m.sohu.com/a/126639661_568377? ivk_sa=1024320u.

造型非遗衍生设计

图 1.14　经龙装《清·孙温绘程甲本图文典藏版红楼梦》

（图片来源：搜狐网

http://img. mp. itc. cn/upload/20170219/e20ed7496c5b449e9dff5318e442428b_th. png

装帧设计：张晓栋）

图 1.15　木活字摆印

（图片来源：搜狐网

http://img. mp. itc. cn/upload/20170219/b19b68c3c03b4f2386a30bd27302ad17_th. png

装帧设计：张晓栋）

与文章内容相互对照,适配完美。图书的内页版式设计也有诸多创新,影印的文字采用木活字设计的同时,周围增加红色边框,整体版面天头较宽,精美雅致的笺谱点缀其中,古典韵味现代创新尽显。

全书一套有八函,每函的封面都是由软烟罗和南京云锦制作而成。软烟罗独特的质地,十分符合本书给人所带来的朦胧感,巧妙和谐,更有一种传统的隐喻之美,在《红楼梦》中创造了一个梦幻美好的梦境。

封面有一个瓶形门的设计,瓶形门形状提取自故宫的门,门中使用了更为贵重的材料缂丝(见图1.16)。缂丝一直是皇家织物,与云锦一样,都代表了古代纺织技术的最高水平,设计师织物材料的选用,与曹雪芹的身份背景十分贴合。[1]

图 1.16　封面上的瓶形门
(图片来源:搜狐网
http://img. mp. itc. cn/upload/20170219/f39601f3390d40e8afa53a73193f697d_th. png
装帧设计:张晓栋)

门的形状选择意味着读者会被门所吸引,走进这扇门,走进这为读者营造的红楼梦境。整套书的设计都注入了设计师的心血,细节考虑周全,值得读者细细品味。读者打开折页,翻动龙鳞,走进红楼梦境,静静地欣赏和思考,会对生活有新的认识和思考,对美有新的理解和感悟。[2]

木活字字体深浅平实,给人诗意的阅读感,随着页面的浏览,内容的不断变化,折页的起起伏伏,呈现出立体空间感,在阅读之中身临其境,随内容的转化而变化(见图1.17)。

龙鳞装是中国非物质文化遗产,设计师依据他对文学艺术的理解和研究,探索创造新的装帧形式,给《红楼梦》全新的装帧诠释,从平面到立体,给读者丰富的想象空间。技艺的探索,书籍的设计,这个过程也是一种精神的象征。

---

① 世纪珍藏. 悦目赏心,古代龙鳞装今世再现[EB/OL]. (2017-02-19). https://m. sohu. com/a/126639661_568377? ivk_sa=1024320u.

② 世纪珍藏. 悦目赏心,古代龙鳞装今世再现[EB/OL]. (2017-02-19). https://m. sohu. com/a/126639661_568377? ivk_sa=1024320u.

图 1.17　经龙装《红楼梦》细节

（图片来源：搜狐网

http://img.mp.itc.cn/upload/20161208/b5d494c2fd8d48ecb7326946af51b8a2.jpeg

装帧设计：张晓栋）

4.《梅兰芳藏戏曲史料图画集》书籍装帧设计

　　这本图画集是根据梅兰芳先生的收藏和梅兰芳纪念馆的馆藏，编辑制作而成，收录了戏曲人物画和戏曲净角的脸谱这两类图谱，展现了这两类图谱的绘画特征，从中可以看到中国现代戏剧脸谱的发展。

　　书籍函套设计，整体方正笔直，美观大方，在视觉上整体感增强，同时遮盖了图书的白色切口。两支别签在函套侧边，细节之中，增加了图书高贵别致之感。函套外采用黑灰色，与别签对比色调自然协调，浮雕感的京剧脸谱以压凹工艺印出，凹凸有致，在光影的变化之中，脸谱明暗尽显，端庄稳重。脸谱上下都有红色的印章，在黑灰色的函套上格外亮眼，别具一格。[①]（见图1.18和图1.19）

图 1.18　书籍函套(1)

（图片来源：搜狐网

http://5b0988e595225.cdn.sohucs.com/images/20200509/0d381c88017f498e9ff3c02f7b08e471.jpeg

封面设计：张志伟　版式设计：蠹鱼阁（申少君）、高绍红）

---

① 李寒林.论《梅兰芳藏戏曲史料图画集》的书籍设计[D].中国美术学院，2014.

图 1.19　书籍函套(2)

(图片来源:雅昌艺术商城

https://img01.yzcdn.cn/upload_files/2016/11/16/FlMNjvrJYchq0fkNGnoLCNq2pFeZ.JPG！large.jpg

封面设计:张志伟　版式设计:蠹鱼阁(申少君)、高绍红)

　　封面设计与传统线装书设计不同,没有采用常规的蓝地加标题的设计形式,用《群英会》《虹霓关》《思志诚》这三幅戏画取而代之。设计师去掉了三幅画中人物的背景,重新创作,封面采用带有珠光的金色纸张,画中人物印在其中,仿佛穿上华美戏服,艳丽闪耀。重组的人物并未完整保留在封面上,集中在书口,留白的一侧题上书名,十分简洁。出版社名也被设计为适合整本书的红色印章。书籍封面整体简洁大方,戏画本身就具有很高的审美价值,为封面设计增添了风采(见图1.20)。

　　本书的内页版式设计,根据宋版书的版面设计特点,在模仿古书的版式的同时,也使其视觉呈现更加开阔。泛黄的书页和洁白的衬纸的呼应使用,使整本书戏曲图像更加突出。书中的内容主要是由图片组成的,戏曲画本身十分美观精致,设计师尽量弱化其他元素,以便插图能够得到充分展示。[1]（见图1.21）。

---

① 李寒林. 论《梅兰芳藏戏曲史料图画集》的书籍设计[D]. 中国美术学院,2014.

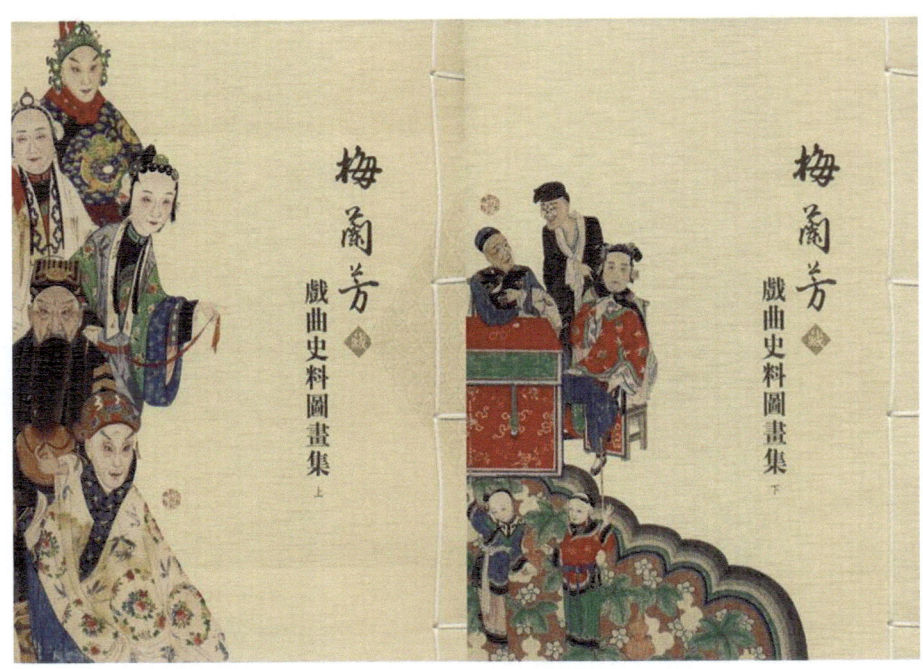

图 1.20　书籍封面

（图片来源：苏宁易购

https://imgservice.suning.cn/uimg1/b2c/image/3aPSGuw46NWAWOgFTYLwGA.jpg_800w_800h_4e

封面设计：张志伟　版式设计：蠹鱼阁（申少君）、高绍红）

图 1.21　内页设计

（图片来源：梅兰芳纪念馆《文海撷英｜学习梅兰芳同志——在梅兰芳逝世一周年座谈会上的发言》

2021-10-02　https://mp.weixin.qq.com/s/nV6ghJ6NvESLIzDq08lSUQ

封面设计：张志伟　版式设计：蠹鱼阁（申少君）、高绍红）

总的来说,本书的版式以中国传统古书的版式风格为基础,古朴典雅,精致大方。设计师同时结合现代设计技术,将文字信息转化为视觉元素,使整本书具有传统风格的同时也具有现代感,信息排列清晰,设计元素排列得当,让读者在阅读之时感受古今结合之美。

这本书的颜色主要是黑色、红色和金色,是在中国传统题材书籍中很常见的颜色。书籍的函套就是采用外黑内红的设计,黑与红朴素庄重,书中内容也以红与黑为主,封面又用以亮丽华美的金色,书中色彩的运用有效地传达了中国文化。

本书是一部有关京剧艺术文化的著作,非常珍贵,设计师非常关注戏曲和戏曲绘画的特点和内容,将戏曲图画资料充分展现,突出图书本身的文化内涵,是书籍装帧中的典范。

第五节　图形图案

1. 新余夏布绣文创衍生设计

新余夏布绣是江西省非物质文化遗产,它是源于新余当地的一种民间绣活,主要是以绣地材质夏布来命名的。新余夏布绣在适应现代发展的过程中,通过对夏布绣进行创新与衍生设计,实现了其自身的"造血功能"。

如图1.22所示,民间传统的贴布绣和百家被、百家衣的造型元素是"寓见美好·小有福气"夏布绣背包系列设计作品的灵感来源,并结合新余夏布绣博物馆馆藏长命锁的图案,将质朴的夏布和土布拼接,用夏布绣传统的平针绣、贴布绣工艺制作完成。

图1.22　夏布绣背包

(图片来源:博物馆中国《全国文化创意产品推介展示(二十四)》2020-10-31

https://mp.weixin.qq.com/s/XdEQipn49xw0fF_ClPbdCg

作品来源:新余夏布绣博物馆)

包的造型简洁时尚,包身皆是由分割形成的几何形拼接而成,简约时尚,长命锁的图案则采用对称的形式进行呈现。包面上的蝴蝶、葫芦、铜钱、寿字等图案元素,是中国古代传统吉祥图案,具有"福在眼前""福寿安康"等美好寓意。

夏布绣"木槿花开"包系列(见图1.23),是传统工艺走入现代生活的典型设计案例。手提包的造型简洁时尚,包的整体以夏布绣为主体材质,以木槿花作为主要的装饰纹样绣在包身,在包身的边缘选择用亚光质感的皮料进行装饰,并且选择清爽的天蓝色,与夏布的肌理和色泽相呼应,是古韵与现代的完美契合。木槿花色彩淡雅,同时它是一种具有顽强的生命力的花,生机勃勃,所以这件作品也象征着会带给人幸福和快乐。①

图 1.23 "木槿花开"包系列

(图片来源:新盟书画苑《民盟新余书画院作品集(七)张小红、吴婉菁夏布绣作品赏析》

2020-09-01 https://mp.weixin.qq.com/s/74n6MLBJ_Nbj0x9K—EBRZw

作者:吴婉菁)

夏布绣"小日子"布艺软装饰系列作品包括灯罩、沙发和抱枕(见图1.24),主要制作材料是夏布、夏布绣和胡桃木,是知名艺术家圃生和绣娘共同合作完成的一组作品。画面上我们可以看到,刺绣主体是由一只猫和竹子组成的,刺绣的技法运用的是夏布刺绣最具有代表性的刺绣针法——透底虚实针,这种针法使得刺绣的痕迹和夏布的肌理得到了非常好的融合。"小日子"系列布艺家居产品,生动地诠释了现代人们所追求的简单、舒适的生活美学。这一整套作品给予人无限的想象,一盏暖色的落地灯、一张舒适的沙发,身边再有一只乖巧的猫咪陪伴,翻看着自己喜欢的书籍,安静又温暖。

夏布绣的衍生设计让"非遗"不再是传统的"遗产",从传统到现代,就是将这些民族的经典的造型资源,深刻理解吸收,加以创新升华,再以大众审美趣味为基础,给予针对性创新性设计,更好地服务现代生活。

---

① 吴梦伟.文旅融合背景下国家非遗新余夏布绣的文化创意产品设计研究[D].江西师范大学,2020.

图 1.24 "小日子"布艺软装饰系列

（图片来源：江西省工艺美术学会《江西省首届当代工艺美术

双年展获奖作者推介——吴婉菁》2021-09-08

https://mp.weixin.qq.com/s/kL9WqCs_kzFoi_l8-G84mA 作者：吴婉菁）

2."璞·韵"苗族酒器摆件设计

苗绣的蝴蝶纹饰具有一种自由灵动的韵味,映射出苗族人民自由自在、以山田花蝶为伴的生活环境和肆意洒脱、富有情趣的积极的生活态度。苗绣蝴蝶纹饰造型的表现形式是多种多样的,没有特别固定的样式,大多是苗族女性自己将心中所想的内容创作并表现出来,是千百年来苗族女性智慧的结晶(见图1.25)。蝴蝶本就是会飞的生物,所以蝴蝶纹样在视觉呈现上具有自由灵动的特性。

图 1.25 苗绣片 蝴蝶纹样

"璞·韵"苗族酒器上面的蝴蝶造型,通过对蝴蝶图案的提炼重组,去掉复杂具象的细节,对图案纹样进行精简概括,最终概括形成几何菱形(见图1.26),然后再对抽象形成的几何形态进行重组,再形成新的具有蝴蝶元素的图案(见图1.27)。

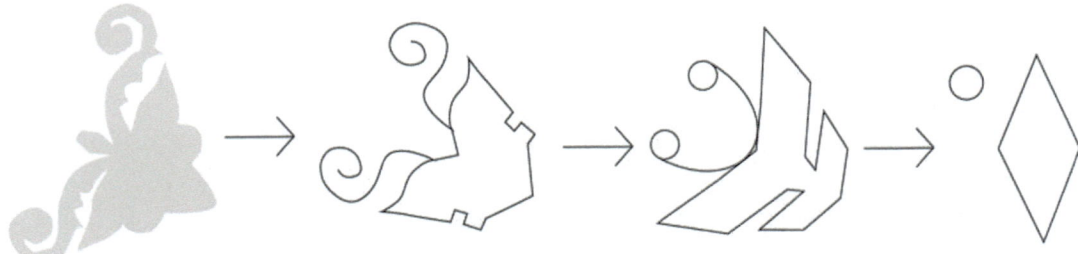

图1.26　蝴蝶造型基本单元提取图

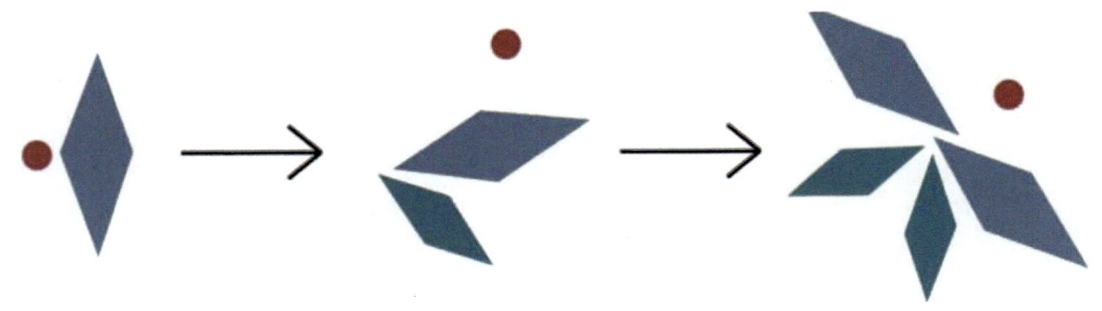

图1.27　蝴蝶元素提取造型设计

酒具上面的装饰是对蝴蝶纹样元素经过提炼简化后,形成一个基本的图形;酒器的造型以曲线为主,再结合酒器的造型曲线,把菱形和圆形的基本图形按照酒器的造型放置在合适的位置(见图1.28)。

图1.28　酒具摆饰平面设计

(图片来源:龙秀明《黔东南苗绣文创产品创新设计研究》)

在苗族的酒文化当中,拦门酒是非常具有特色的,在拦门的时候,喝酒所使用的器具是牛角酒杯,它的使用是非常独特的存在,让人印象深刻。如果有去过苗寨的经历,可能会对苗族拦门酒这个习俗有真切的感受和体会。苗族人民的热情好客从这个仪式当中得以展现,传递出苗寨淳朴的民风民情。此酒器、酒杯的造型设计灵感就来源于传统苗族的牛角酒杯(见图1.29)。

酒器和酒杯的造型来源于牛角,它有两种摆放方式。重叠放在一起就组成了一个牛角的形状,与酒器在造型上保持一定的比例和弧度,看起来舒适协调。把酒具摆放在桌子上,就是一个具有民族风格且装饰意味浓厚的摆件。当把酒杯分开散放在桌子上时,三个器具高低不一、错落有致,更像是一组艺术品,既具有实用功能,同时也满足人们的审美要求(见图1.30)。

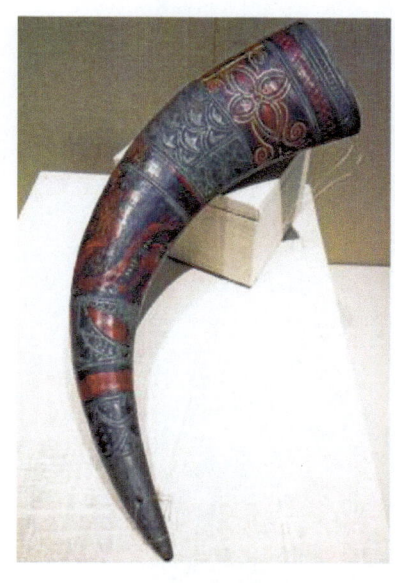

图1.29　苗族牛角杯
（图片来源:龙秀明《黔东南苗绣
文创产品创新设计研究》）

图1.30　酒具图
（图片来源:龙秀明《黔东南苗绣
文创产品创新设计研究》）

这组酒具摆饰所使用的材质是黑陶,黑陶质地较为粗糙,给人一种朴素简洁的感觉,也可以感受到苗族淳朴的文化风俗。用纯黑色作为酒器和酒具的底色,符合当下人们简约、大气的审美要求。

3.爱马仕与中国"非遗"元素的结合

如图1.31所示,这款方巾见证的就是百褶裙与巴黎布朗利博物馆的一次邂逅。苗家百褶——它的中心图案是由布料织成的花冠,百褶裙就像是把扇面打开,一片一片相连接组成一个圆形,在方巾上面绣着苗家最具代表性的图案。在中国大西南,苗家女子将蜡染、刺绣等传统的手工艺世代相传,她们祖祖辈辈生活在这里,把苗家的文化通过这样的方式流传下来,用她们独有的民族色彩和符号语言描绘出了一幅和谐美满的图画。在那里的每一位姑娘都拥有一条属于自己的独一无二的百褶裙作为自己的嫁妆,这条百褶裙也是她们最为美丽的嫁妆。她们把百褶裙的每一褶都分开进行缝制,然后将这一褶一褶再整合、再刺绣。从图案上我们可以看到,与百褶裙搭配的还有其他饰品,有巨大的头饰,也有其他的珠宝。比如在画面上面有一匹正在铺开的皱褶间活跃奔腾的银质雕镂的小马,生动活泼,又点缀得恰到好处。[①] 纯丝绸制作具有民族风格,五彩的颜色映衬出活泼时尚的气质,整体效果明艳照人。

如图1.32和图1.33所示,设计师从整体展间思考,打造出高高低低的层架,利用剪纸作品区隔空间。橱窗的平面剪纸作品,不同于以往单色剪纸创作,以不同颜色的纸张,剪裁、堆叠出

---

① 祝梦秋.浅析爱马仕丝巾的图案设计[J].中国民族博览.2017(08):170-171.

造型非遗衍生设计

图 1.31 爱马仕苗家百褶方巾

（图片来源：ALEI《爱马仕（HERMÈS）苗族百褶裙系列丝巾》

https://mp.weixin.qq.com/s/-EY2pwkYfXL8fXxWjYbcTw

作品设计师：巴黎设计师 皮埃尔·马利·阿让（Pierre Marie））

图 1.32 爱马仕橱窗中的剪纸元素

（图片来源：看潮网《爱马仕的剪纸橱窗》

https://mp.weixin.qq.com/s/7T3jhoFWHcNirnDi1-lVqg 作者：吴耿祯）

图 1.33　爱马仕橱窗中的剪纸元素细节部分

（图片来源：看潮网《爱马仕的剪纸橱窗》

https://mp.weixin.qq.com/s/7T3jhoFWHcNirnDi1-lVqg　作者：吴耿祯）

新的创作路线，并与爱马仕橱窗做了和谐的搭配。

这组剪纸作品取材于古老传统剪纸的基本形象——"抓髻娃娃"和自然生灵。丰富灵动的色彩和充满童趣的形象瞬间将人们带入了既神秘又欢乐的童话国度。

民间剪纸艺术常见的人偶和生命树元素，设计师以十几种颜色的皮革相互堆叠，首次运用色彩和几何图形创造不同造型。

西方当代奢侈品将中国传统元素完美地融入了其作品中，例如猫、蝶、老鼠等形象，寓意"福寿耄耋""财源广进"等（见图 1.34）。

图 1.34　爱马仕皮革中的剪纸元素

（图片来源：看潮网《爱马仕的剪纸橱窗》

https://mp.weixin.qq.com/s/7T3jhoFWHcNirnDi1-lVqg　作者：吴耿祯）

第六节　影像设计

1.《黄金之纱》

香云纱又称"响云纱"，原名"莨纱"，是利用植物染料薯莨染色的丝绸织物，是世界上唯一用纯植物染料染色的真丝面料，在纺织界中被誉作"软黄金"。早在唐代已有关于薯莨的记载，北宋的沈括与明代的李时珍都在自己的著作中记载过薯莨具有染色的功效。而佛山市顺德区的养蚕缫丝产业历史悠久，向来有着"南国丝都"之称号，香云纱染整技艺也在广东佛山得以完整保存。在明永乐年间，广东的香云纱就已经出口到国外，并广受好评。香云纱相较于其他丝绸有很多优势，如清爽湿润，经得起日晒和水洗，防水防磨，易于清洗和干燥，颜色深而耐脏，不沾皮肤，质地轻薄且不容易起皱，柔软但具有韧性，经久耐穿。因为它的这些优势，它获得了许多消费者的好评与欢迎，甚至也曾远销欧美、印度、南洋等地。也因为穿着时会产生如丝鸣般的响声，非常独特，使得它成为中国丝绸中的畅销海内外的驰名产品。

《黄金之纱》(见图1.35)这部影像作品记录了一位染整工厂厂长，在中国广东，复原香云纱这种独特丝绸的工艺手法和生产流程。一位来自世界奢侈品牌香奈儿的前任设计师，主张用国际上最流行的裁剪理念，来对这种富有传奇色彩的中国丝绸进行设计，甚至希望能够获得国际时装界的认同。两位经历了行业变迁的老师傅，希望在自己有限的生命中，突破式地将香云纱

图1.35　《黄金之纱》海报

（图片来源：广东经视《4K超高清纪录片〈黄金之纱〉中国质造》

https://mp.weixin.qq.com/s/cnUO2SXtku46vkFsef2dEw）

这一传奇丝绸与现代生活相结合，不愿让香云纱的传承，终于他们之手，希望香云纱能够活态化地传承下去。用个体生命发展照见"非遗"传承历史的这种管中窥豹的方式，探索一件世界级高端定制服装设计幕后，独属于中国的工艺王国。

这部纪录片以"黄金之纱"的制造过程为脉络，让制造"黄金之纱"的手工艺人们逐一亮相。讲述在中国广东这一"世界工厂"的大环境下，依然还有这样一群人，他们虽然都是籍籍无名之人，不为大众所知晓，在行业的基层默默生存着，但都身怀绝技。正是默默无闻的他们，坚持数十年如一日秉承传统，匠心独运，制造出世界上被誉作"软黄金"的丝绸——香云纱，也是他们将香云纱这一传统非物质文化遗产传承至今。

2. 了不起的匠人三——《拜见师父大人》

"了不起的匠人"（见图 1.36），是中国首档手工艺微纪录片，加入明星作为分享人、短片轻体量等元素，希望用年轻化的方式来展示我国的非物质文化遗产，它以"工匠"作为关键词与突破口，集中展现了瑰丽多彩的东方文化。前两季全景式呈现了令人惊叹的东方器物与工艺，第三季则不再聚焦于对传统非物质文化遗产技术与工艺的展示，而尝试去展示与诉说东方文化里更深层次的"师徒传承关系"，从 12 段极致与独到的手工艺传承关系里提炼出 12 种厚重的师徒传承之道，唤醒现代社会人们早已失去的敬畏心，引入双人物、双线叙事、双重角度来讲述师徒关系的故事架构，打破传统单线叙事记录的局限性。从北方的山东年画到南方的台湾花艺，从

图 1.36 了不起的匠人三——《拜见师父大人》海报

（图片来源：腾讯网 https://mp.weixin.qq.com/s/ltB-kNBhCXW9FWVfQvdp8g）

东阳的竹编到香港的霓虹灯,东西穿梭,古今纵横。我国师傅与工匠技艺的定义得到了极大的扩展与延伸,通过中国传统手艺人中的"师匠"与徒弟之间的故事,将非物质文化遗产中的"传承"二字体现得淋漓尽致。

师徒关系,本就是一个行当传承与发展最为基础的保障。当身怀绝技、行至高位的匠人们转变身份成为师父,遇到了与自己想法不一致、有着独特思想的徒弟,他们该如何应对这种棘手的情况?徒弟是应该坚持自己的想法,还是只是单纯去接受上一辈传下来的技艺?在这档微纪录片中将得到完美的回答。不管是片中东阳的巧匠何福礼,还是湖南的大师刘蔚然,当他们面对打破传统、与自己理念不同的徒弟时,他们都用虚怀若谷的胸襟选择了包容与帮助,也让传统的非物质文化遗产工艺在师父与徒弟的交接中得以在创新中传承。而除此之外,这档微纪录片也向我们展示了传统手工艺在现代最突出的问题,那就是传承问题,一项非物质文化遗产最害怕的就是落到后继无人的尴尬境地。观众将感受到匠人们作为师傅面对时代的变迁、新旧的更替,也面临着徒弟日益减少的无力感。传承已经成为传统手工艺发展与延续的重要依据,在面对日新月异的社会发展、势不可挡的时代浪潮时,如何将传统手工艺薪火相传也是这档微纪录片向观看者提出的引人深思的问题。

3.《寻找手艺》

《寻找手艺》(见图 1.37)是由张景导演的纪录片,拍摄 126 天,足迹走遍大半个中国,23 个省市,88 个地区,寻找和拍摄 199 名手艺人的故事。

图 1.37 《寻找手艺》

(图片来源:CTBU 新闻中心《寻找手艺,寻找初心|桑果悦读 VOL.68》
https://mp.weixin.qq.com/s/OPHcxwa4dS8AWBb8jTvtTQ   纪录片导演:张景)

这部纪录片画面上不够精美,也不够专业,甚至可以说"土得掉渣",然而就是这样一部纪录片,被十多家电视台拒绝后,投放到 B 站和爱奇艺,日均播放量超过一万,受到年轻人的喜爱。

《寻找手艺》这部纪录片,虽然没有精美的制作,但是胜在真诚朴实不做作。现在的社会,无论是音乐、影视、广告还是偶像,越真实接地气的越受到大家的喜爱。

在现代浮躁的社会,一些影视作品为了赚钱,请很多流量明星,拍摄出的"垃圾"作品,一次次挑战我们的底线,宰割着我们的思想和灵魂,而《寻找手艺》这部纪录片,用一颗真诚又温暖的心,展现着中国最朴素、最平淡,即将消逝又紧扣我们内心的"中国工匠精神"。

纪录片的画面有些暗淡,却又很独特,很符合现在很多非物质文化遗产手艺人面对着的濒临灭绝的窘境,让观众了解更加真实的手艺人的环境,引发对手艺人的心疼和惋惜。导演和团队跋山涉水的拍摄,也真实地反映了"寻找手艺"这个主题。

纪录片的拍摄,记录了非常多的手艺,比如巴拉曼的演奏、德格印经院的解说、中方斗笠的编制、布匹的漂染、芦笙的制作、杆秤的修补与制作,等等。每一个手艺人都在书写自己的故事,每一个故事都非常精彩。在他们身上我们看到了对"非遗"的热爱,也看到了有些手艺人生活上的窘迫。作为我国的非物质文化遗产,我们不能让这些手艺消失,这也是这部纪录片的意义所在。

也许就像这些手艺人一样,当我们不再在乎得失,不再空谈梦想的意义,而是专心做自己热爱的事情,专注忘我地投入进去时,也许梦想就不是在天边那遥不可及的星辰了。想要了解我们国家真实的手艺纪录片,想要在浮躁的社会中寻找一份宁静,就不能错过这部纪录片《寻找手艺》。

4. 中南民族大学潘俊副教授皮影

皮影是中国最早的动画,人在白布后面操控着牛皮做成的戏曲人物,配合着打击乐器和弦乐,讲着一个个故事,非常引人入胜。

2021 年 5 月 14 日,全国第六届大学生艺术展演活动——大学生艺术实践工作坊暨艺术作品展览公布比赛结果。在来自全国的 43 个艺术实践工作坊、253 幅学生和高校校长参展艺术作品中,中南民族大学美术学院潘俊、潘泽江、王海涛三位老师指导的"湖北云梦皮影创新艺术工坊"获得大学生艺术实践工作坊一等奖(见图 1.38 和图 1.39)。

潘俊副教授说:"皮影和动画属于媒体,都是讲故事。我曾经跟学生说过,皮影算是中国最早的二次元空间,通过平面的方式去塑造形象、叙述故事。无论是舞台效果、配乐、讲故事还是从观众的视野来看,两者的关系都是十分紧密的。动画能够从皮影里面吸收很多造型因素,是因为动画是对人物的夸张和对故事的艺术性表现,这两者有很多契合点,在我的课程里面就贯穿了这两点。

最后一点,很多学动画的同学受到日本和韩国的文化还有一些流行文化的影响,这样风格太过单一,我们想让动画多元化,尽可能在艺术风格和艺术审美上多元化,所以我们指导学生通过皮影的角色造型去塑造一种传统的审美,再把它运用到动画中去。这两者的结合能够产生一种有趣的效果,并且能够让观众感受到传统文化的情怀。这也是我们这门课的一个目的。"

图 1.38　中南民族大学潘俊副教授及其团队

（图片来源：楚天都市报极目新闻《中南民大皮影艺术工作坊惊艳亮相大艺展》

https://xw.qq.com/cmsid/20210515A09QYQ00）

图 1.39　中南民族大学皮影

（图片来源：楚天都市报极目新闻《中南民大皮影艺术工作坊惊艳亮相大艺展》

https://xw.qq.com/cmsid/20210515A09QYQ00）

　　潘俊副教授在皮影教学中取得了非常多的成果。潘俊副教授说到教学中的创新点和方法：
"第一，我们把四样东西结合一起：①在线课程，我现在在建设一个皮影戏的在线课程；②与中国美术学院的皮影数字博物馆合作;③我们开发了一套数字皮影的模拟仿真互动软件,可以在上面操作,从组合人物到雕刻再到最后的表演,通过软件就像游戏一样完成;④我们强调这种线下的创新和展演。这是我们说的四位一体的艺术实践的模式。第二,尽可能地把网络游戏、动画和漫画与传统文化或传统皮影进行一种跨时空的结合。这种视觉元素结合在一起,能够突显现代的审美趣味,吸引更多的观众和创作者。第三,要把皮影的造型,与数字骨骼技术结合在一起。在动画制作方面,除了我们说的逐格动画、逐帧动画,还有骨骼动画(就是 MG 动画、图形动画)。图形动画就是一种简便的做动画的方式,它的原理和皮影很像,通过操作手、头和身体来表演整个动作,这种与数字骨骼技术的结合去表现这种动画作品,我认为能够起到一种很好的效果。第四,无论是动画还是皮影,我们传承自己文化的时候,首先要讲一个好故事,就是不管学生有没有这种基础,他首先要尝试自己去讲好一个故事,想表达什么核心思想。接下来就是要尽量结合自己的生活,不要太过于空泛、浪漫幻想,与自己的生活结合,因为他们生活周围是很生动的,包括自己的父母、社会,有很多有趣的事情,把这些事情挖掘一下,然后去参考并深刻思考自己的社会责任和自己的定位。去表现皮影剧情的时候,他才会有自己的感受。第五,大学生的作品要走向社会,这样大学生才会有一份责任感,不管是做媒体还是文化传播,这样才会对自己有一个定位。现在大学生很少参加公益活动,把自己的作品作为公益作品来打磨,这样才能对自己有一个认识,而且参加公益活动的作品才会更有社会价值。"

第七节　广告设计

1. Dior 迪奥剪纸风格广告衍生设计

剪纸艺术在中国有着悠久的历史,中国不同的民族和地区风格都有所不同。剪纸,作为我国民间的一种装饰艺术,剪纸艺术的审美功能已经成为主要功能。在社会经济飞速发展的时期,剪纸艺术时常被运用到广告设计中,它一方面是对民族文化的不断发展与传承,另一方面也丰富了现代广告的表现形式。从大众的角度来看,这种设计深受公众的喜爱,这使他们更容易接受和理解民族文化。

世界著名时尚消费品牌迪奥 Dior 推出了一款剪纸风格的海报,如图 1.40 所示,中国剪纸的独特线条能完美地展现出女性特有的身材曲线与凹凸有致,同时也宣传了迪奥品牌自身女装的优雅。整个广告在传说、现代与古典、硬朗与柔情中寻求独特的品牌理念,这则剪纸视觉广告设计,也充分体现了品牌个性。

自古以来,中国传统哲学追求天人合一和完美性,在民间剪纸艺术里也能体现这一思想,"完"即"圆满、完整","美"即"美好、美满"。在这则广告设计中我们可以看到,当人物侧面对着观众时,两只手会一同出现在画面里,在二维空间体现了三维效果,不受时空观念的影响,这也是表达剪纸的"完美"之处。

这则广告巧妙地将国际时尚元素融入剪纸艺术,这是经典与时尚的碰撞,完美诠释了形神

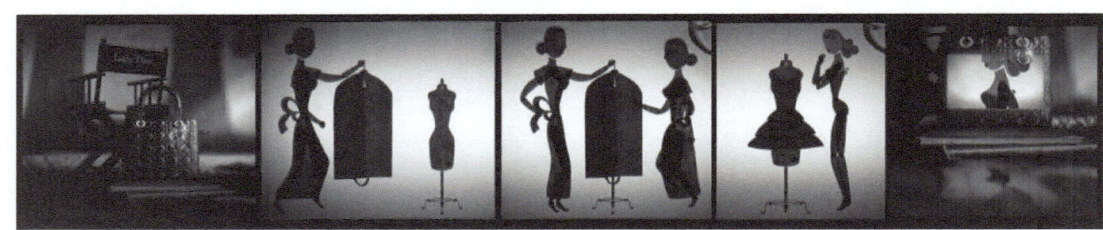

图 1.40　Dior 剪纸风格广告

（图片来源：谢汇《剪纸在广告设计中的艺术美》）

兼备的特点。在平面广告设计中,图形是重要组成部分。剪纸艺术的美是难以表达的,正是剪纸的艺术魅力在广告设计领域的运用,给设计广告增添了浓郁的民间艺术风格。中国经济与世界互相贯通,许多品牌企业和文化建设都需要广告来推动与创新,剪纸艺术的发展不仅需要美的形式的发展,更需要与时代融合,与现代视觉艺术融合,这样才能真正推动剪纸艺术在广告设计中的蓬勃发展。

2. 传统皮影艺术在广告设计中的应用

皮影被联合国教科文组织列入"人类非物质文化遗产代表作名录",是极其具有中国传统元素的"非遗"。皮影不仅体现了民间艺术文化,还蕴藏着很多宝贵的历史信息,人们可以从皮影戏的造型中感受到民间艺术的精髓,通过其古朴的民间造型和浓厚的民族气息体验民俗民情。然而,随着全球化、城市化热潮的到来,民间文化日渐式微,皮影原本附带的民间气息及其烦琐的制作工艺使之陷入发展困境。在新的生存空间,皮影艺术如果仅停留于传统的艺术欣赏和收藏,其发展就会受到限制。在传承与创新、手工与机械、生活与艺术面前,它需要借助新的艺术表现形式和媒介,才能获取新的发展途径。

　　皮影艺术经过几千年的发展,都有着共同的风格,在造型和制作工艺上有所体现,如传统皮影形象较为单一,缺乏情节的个性化。在现代广告设计中,皮影逐渐向平民故事化情节靠拢,服务于群众的精神生活,突破传统固定化形式,在审美与创作上敢于突破常规、寻求新的方向。图1.41所示是旺旺集团推出的公益广告,采用的是皮影的形象,牵着皮影的绳子断了也正体现了主题"残疾人需要我们的关爱与帮助",赋予了民间皮影艺术新的表现形式与内涵,服务于当代人的精神文化生活。

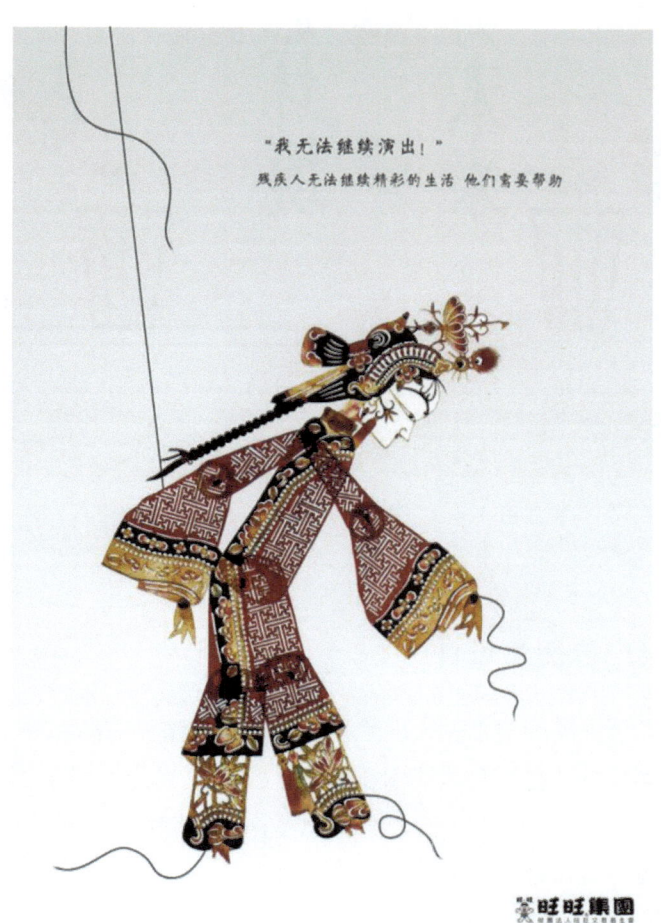

图 1.41　旺旺公益广告
(图片来源:文传视野网《旺旺公益广告设计"皮影篇"》)

　　传统的皮影与广告设计结合,在广告中传达大众对美好生活的渴望以及诉求,使之产生情感共鸣,运用皮影元素不仅增加了广告的吸引力,同时也是对我国民间美术的传承,强化传统文化在情感与视觉审美中的双重价值。图1.42所示为讲文明树新风的公益广告,此广告设计在保护环境与受众之间建立起了桥梁,表达了保护环境、爱护环境的诉求与理念,塑造独特的公共广告形象,展示文明,创造新时尚。

　　随着科技快速发展,数字化信息在世界范围内的传播使人们的文化生活空前丰富,皮影艺术在广告设计中的传播有利于我国民间艺术的传承与发展。

图 1.42　讲文明树新风公益广告

（图片来源：百度图片）

3. 民生信用卡广告衍生设计

　　艺术来源于生活,传统民间美术融入现代设计是必然之路。古斯塔夫·马勒曾说过:"传统是薪火相传,不是崇拜灰烬。"在当前消费增长和本土文化复兴的背景下,非物质文化遗产消费已经成为现代消费的一种新趋势,"非遗"在过去总是出现在博物馆、美术馆等场所,现在却可以真正地"活"起来,步入寻常百姓家。

　　民生信用卡联合公益项目"稀捍行动"和美国运通推出了民生非物质文化遗产主题信用卡(见图 1.43)。首发的 4 个卡面为"刺绣"系列,分别选取了非物质文化遗产中羌族刺绣、苗族刺绣、壮族刺绣、黎族织锦的典型纹样(见图 1.44)。民族传统手工艺是不同民族的文化记忆,它是延续文化、提高民族身份认同感和责任感的关键所在,看得见的穿针走线里,交织着看不见的代代相传。民生信用卡用特别的方式,将刺绣文化刻在卡片上,引起大众对刺绣文化的关注;同时还进行积分捐赠,以吸引公众对非物质文化遗产的关注,使其在现代背景下继续熠熠生辉。民生信用卡希望中国的锦绣文化被全世界更多的人看见,从而引起更多关注。

　　除了推出民生非物质文化遗产主题信用卡,民生银行还推出了一部品牌概念片《一根线》(见图 1.45),主角是走出大山的绣娘,借用"一根线"的意象,刻画出"非遗"刺绣所面临的失传与被遗忘的困境,演绎出山间绣场亟须传承的力量。

　　这部短片把我们带领到"非遗"刺绣所面临的困境中,走出大山的女人背后都有一根与家乡相连的神秘线,她们是忙于生计的大山绣娘,这根线实则为绣线,极具感知力。随着她们放下手

图1.43　民生非物质文化遗产主题信用卡

（图片来源：腾讯网《品牌＋非遗的联名组合中，民生信用卡可太吸睛了！》）

图1.44　羌族刺绣、黎族织锦、壮族刺绣、苗族刺绣卡面

（图片来源：腾讯网《品牌＋非遗的联名组合中，民生信用卡可太吸睛了！》）

中的针线，她们身上的那根线就消失了，这也意味着越来越多的绣娘迫于生计，放弃了刺绣，而刺绣这门传统手艺也将面临失传。民生信用卡也借此广告宣传，用"一根线"在民间手工艺刺绣断代与传承之间建立起了联系，引起了大众对刺绣的关注。

　　将品牌、传统文化和广告设计相结合的民生信用卡无疑是一个典型代表，通过民生银行的广告设计，使民生信用卡充满文化特色和温度，这不仅是审美营销的高质量"艺术"，同时也是与用户的沟通活动。我国有着五千多年悠久的历史文化，继承、弘扬"非遗"文化任重而道远，越来越多的品牌正不遗余力地推动"非遗"文化的传播和发扬。广告设计的传播丰富了非物质文化遗产的传播形式，在保留传统艺术精髓的基础上，运用民族和本土语言，不断展现我国非物质文化遗产的文化艺术魅力，振兴"非遗"文化。

图 1.45　品牌概念片《一根线》

（图片来源：腾讯网《民生信用卡×稀捍行动：有一根线，不能让它断了》）

4. 可口可乐"木版年画"主题广告

　　中国以年画形式进行商品宣传早在清末民初便有，"月份牌"广告画就是由传统木版年画发展演变而来。"月份牌"的诞生，源于西方列强对中国的商品倾销。为了迎合当时的中国市场，外商聘请中国画师设计"月份牌"，以赠品的形式赠送给顾客，作为来年悬挂于家中的单页年历，起到商品广告宣传的作用。通过"年画"这一中国传统产物，使得外来商品获得了本土化的宣传，迎合当地人的审美和生活习俗，更具亲切感。这一广告方式在当时起到了极佳的宣传效果，时至今日，商品广告与传统年画的结合依然值得宣传海报设计师们学习借鉴。

　　贵州设计师刘意设计创作的《喝可乐的门神》(见图 1.46)海报招贴画，将中国传统木版年画与现代热销饮品"可口可乐"相结合，令人印象深刻。

图 1.46　《喝可乐的门神》

（图片来源：王俊晓《民间美术与现代广告设计交融之研究》）

木版年画具有一千多年的历史，是我国古老的传统民间艺术。在民间，年画象征着过年，每逢过年家家户户都会贴年画。清代中晚期是年画的鼎盛时期，年画不仅是节日的装饰，同时还具有文化与审美价值，所以被称为反映中国民间社会生活的百科全书。中国木版年画最具代表性的为天津杨柳青、苏州桃花坞、河南朱仙镇、河北武强、湖北老河口，等等。

在《喝可乐的门神》中，刘意以贵州年画中代表性的"秦琼舞锏"门神形象为蓝本，在配色上，运用红、绿、紫、黄为主色，继承了贵州传统年画对比强烈、色彩艳丽、夸张活泼的特点。造型上，则进行了娱乐化的修改。画中的门神一改年画中威严之姿，一手将双锏收于身后，一手拿着可乐仰头豪饮，身体呈现出后仰的姿态，显得憨态可掬。这一姿态上的改动，暗示严肃的门神也难敌可乐的诱惑，忍不住收起兵器痛饮一番。同时，门神的表情也从传统年画中的怒目而视转变为悠闲舒爽，寓意可乐带来的休闲一刻的舒爽惬意。同时，刘意又将门神服饰纹样做了卡通化的处理，例如腰间的兽首形象，俏皮可爱，充满童趣，给人愉悦的观感。

可口可乐作为全球性的热销产品，其在各国的广告都遵循本土化原则，努力探寻当地传统文化风俗与产品本身的契合点。将传统年画作为主要的设计元素，运用简洁现代的设计手法和中国传统文化意味来诠释产品的优秀品质，刘意的《喝可乐的门神》可以说是可乐广告与"非遗"结合的优秀案例。

第二章

产品设计类

第一节　家具设计

1. 明式家具制作技艺×现代技术

　　明式家具之中"圈椅"是最有代表性的。圈椅最早出现在唐代。元代任仁发《张果老见明皇图》中唐明皇坐的就是一把圈椅,整体装饰极其华丽繁缛,与明式圈椅相比显得格调不足,但是从家具结构上看与明式圈椅的结构样式接近。圈椅到了宋朝称为"栲栳样",明朝圈椅因后部有靠背扶手的椅圈,所以又称"罗圈椅"。明式圈椅不仅仅是作为生活中使用的一种器具而出现,而且是聚中国传统思想精髓于一体之器物。

　　圈椅造型简练大方,没有多余装饰,家居装饰常采用镂空、刻线、雕刻等传统方法。常常在重点部位装饰花卉和动物纹样,装饰纹样简洁大方,达到了繁和简、动与静的协调统一。造型方面简单大方,整体给人敦厚、质朴之感。圈椅的制作工艺精巧细致,线面的曲直转折严丝合缝,表现出中国一丝不苟的匠人精神。家具面的处理比例恰当,在起承转合处加以多变的处理方式,产生多样的视觉效果。圈椅各个部件组合顺理成章、别具意境,是我国传统家具制造的一个不可逾越的高峰。

　　朱小杰"钱椅"的制造借鉴了传统木结构房屋的构建方式,采用立木作支撑、横木连接的制作工艺和传统圈椅的设计形式。传统样式的圈椅主要由椅圈、靠背板、联邦棍、鹅脖等部件组合而成。椅圈,又名月牙扶手,圈椅上部圆弧形扶手,是整个圈椅最具代表性的部件。椅圈由扶手和搭脑连接组成,采用榫卯结构中的楔钉榫将弧形构件一一连接固定起来,既符合物理学规律又兼顾了外观的统一。朱小杰的"钱椅"在此基础上对其进行了极大的简化,只保留传统圈椅最具特色的表现形式——椅圈。"钱椅"椅圈纤细而稳固。硬木材料的运用,突出木材的自然纹理。以木材本身的色彩表现自身独特的材质美感,往往在木材上只上一层透明清漆,表现自身材质美感。"钱椅"造型优雅简洁,达到了审美性与功能性的完美统一(见图2.1)。

　　"钱椅"的设计和制作借鉴绘画中白描的艺术表现手法,寥寥几笔,没有多余的结构,就把明式圈椅的气质秉性表现了出来。传统的制作工艺、科学技术、现代化的思想与生活美学四者需要达到很高的内在性的契合,才能制作出既具传统圈椅精神特征又充满现代感的家具。"钱椅"的设计是对传统圈椅最具特征的外在结构的保留,对其结构造型进行大刀阔斧的删改简化,主要借助现代板式家具工艺方式,是庄子"内直外曲,成而上比"哲学思想的一次物化表达。

　　"钱椅"上圆下方、外圆内方的造型结构是我国乾坤方圆思想的体现。外圆内方也是一种为人处世的艺术,外在处世婉转圆滑,内在修养品端守正。

　　传统明式圈椅凭借其优美典雅的造型,深受国内许多设计师的青睐,不少设计师以圈椅作为自己家具设计的蓝本,从中寻找家具设计的灵感。二十世纪四十年代,丹麦设计大师汉斯·瓦格纳从明式家具中汲取设计灵感,从而设计出极简风格家具,此风格后来逐渐发展形成"极简主义""后现代"等时尚风格,在全球受到大众的欢迎和青睐。

图 2.1 朱小杰"钱椅"
（图片来源：城视窗网）

2. 蓝染家具

"青取之于蓝而胜于蓝"，"蓝"在古代典籍中称为"青"。"青"颜色主要是来自一种名为蓼蓝的草本植物，因其为蓝颜色天然染料，蓝染由此得名。其制作在我国分布广泛，其中四川、江苏、云南等地的蓝染工艺最具有代表性。

经蓝染而成的布料会随着时间岁月的侵蚀变迁而呈现出一种历史的沧桑感。其次，经蓝染后的布料质地紧实耐磨，具有驱赶蚊虫等功效。蓝染工艺之中蕴含一种人类最原始的顺应自然、简朴务实的精神。

图 2.2 所示的系列蓝染家具，把染与绘二者进行结合，极大地丰富了蓝染的艺术表现，结合现代纺织工艺对整体的视觉效果起到强化和丰富作用。传统扎染圆形、方形等几何图案通过聚散、离合等编排设计，做到新的工艺既保留传统工艺的神韵，又具有现代装饰性，增加了艺术感染力。图案造型的表现洗练而豁然，具有一种原始质朴的形式美感。家具设计中简单几何纹样的运用简便随意，具有强烈的艺术表现力。家具设计中把蓝染和扎花、拼接、刺绣等工艺相结合，充分表现出家具独特的蓝染质感和工艺效果。

手工制作的蓝色染剂，在实际操作过程中由于染液浸染程度的不同，从而在布料上形成深浅不同、颜色不一的特殊装饰效果。此家具的蓝染面料为棉、麻等天然纤维，不易褪色，色泽自然柔和，使家具整体显得含蓄而雅致，与环境的融合性能较强，无论现代还是复古风格都能搭配自如。蓝染天然的植物原料和传统的制作工艺，其自然纯粹的特性迎合了现代社会对自然美的追求。蓝染的面料触感温润舒适，其独特的蓝色视觉效果，给人宁静而舒缓的心理感受。蓝染的布料家具由于使用的是自然植物染料，具有一种如植物般的独特气质和气息，手工蓝染织造物的肌理，更加渲染出自然简朴的人文氛围，让身处忙碌生活中的人们获得短暂的疗愈。

更为重要的是，此举有利于唤起人们对传统工艺的保护意识，增进国人对传统工艺的认识和了解，从而更好地传承和发扬中国传统工艺。

现代家具设计不仅要满足实用性的要求，更重要的是家具的审美艺术性表达，"可以使用的艺术品"是对现代家具设计提出的一个重要命题。艺术家具设计是把现代化的生活美学和思考

图 2.2　蓝染家具
（图片来源：搜狐　博主：艺栖图案印花设计）

融入到家具设计之中，从而创造出艺术化的家具生活体验。传统蓝染工艺、现代技术功能与蓝白两色不经意的碰撞中，产生出内在形神的满足。

3. 常州非遗梳篦元素新中式家具

梳篦古称之为栉，据《说文解字》记载："栉，梳篦之总名也。"①古往今来，梳篦的样式纷繁多样。制作梳篦的原料有许多，比较贵重的有象牙和金玉，但还是以木质原料最为常见。其中桃木被古人认为具有驱邪避秽的功效而得到普遍使用。经千百年来历代手工艺人的修润和发扬，梳篦的造型和质料都更加丰富多样。

梳篦文化内涵丰富，其大致可分为四种。一为梳发之用，"梳"齿疏，用于梳顺头发；"篦"齿密，主要用于梳掉头发上的污垢。二为教化之用，据《礼记·曲礼上》记载："男女不杂坐，不同椸枷，不同巾栉，不亲授。""父母有疾，冠者不栉。"②仪表干净端庄，男女有别不混用梳子，是我国古代个人修养和社会道德的要求。三为医疗养生，赵学敏在《本草纲目拾遗》中记载："黄杨木者能清火，石楠木者理风。""牙梳可辟邪，皂角木梳不膩发，柏木铅梳皆能乌发。"③表明梳发有疏通血脉、祛除病痛、固本生发的作用。四为寄意传情，李珣《虞美人》："却回娇步入香闺。倚屏无语捻云篦，翠眉低。"一把梳子传达出多少女性的爱意柔情。

如图 2.3 所示的"情丝"，是一套新中式家具。在家具设计之中以非物质文化遗产常州梳篦作为设计的基础和灵感的源泉。把梳篦独特的文化内涵通过家具设计的艺术语言重新表达出

---

① （汉）许慎. 说文解字[M]. 长沙：岳麓书社，2019.
② （西汉）戴圣. 礼记[M].
③ （清）赵学敏. 本草纲目拾遗[M]. 北京：中医古籍出版社，2017.

来。把梳篦之中的梳齿、梳背等标志性元素进行提取,采用概括、夸张变形等方法,融入系列家具设计之中,使其具有和谐统一性。屏风、沙发、矮柜在梳齿交错之间,营造了一个半遮半掩、温情脉脉的空间氛围。沙发底座和靠背均采用纤巧的梳齿形状,呈现出秀雅之气,仿佛置身于山间。在现代家具设计中需要对人性有所关怀,"情丝"家具的设计和制作结合人体工程学,把天地之中最为重要的那个"人"放在核心的位置,更好地提升家具生活中人的舒适性。从实际来看,将传统梳篦文化之中寄意传情的内涵特征融入家具设计的过程中,对传统梳篦文化内在的解读和深入的挖掘,使梳篦和现代家具设计更加契合。在家具设计过程中,需要综合考虑到现代人多元的审美要求和生活休闲方式,从现代生活美学的层面进行家具产品再设计,将传统文化中的内在气韵在家具当中表现出来。

图 2.3　常州非遗梳篦元素新中式家具
(图片来源:ZAKER 新闻网)

　　梳理头发,开始注重自己的仪容是远古社会人类文明的一大进步。小小的一个梳篦虽然平凡简单,但却有情感、有故事、有历史、有文化,传达了中国人不变的情愫,它们的演变史就是整个中国人类社会的物质文化史。

　　到了现代,人们的审美情趣发生了变化,梳篦对中国人所具备的情感和文化价值,早已超越了梳篦自身的使用价值,已经形成了独特的梳篦文化。一把小小的梳篦之中有情感、有故事、有历史、有文化,传达了中国人不变的温婉情怀。[①]

---

①　寒漪."梳"心顺意——闲话古今梳篦[J].吉林艺术学院学报,2007(06):53-59.

第二节　器皿设计

1. 黎风拾锦珐琅彩套杯

黎风拾锦珐琅彩套杯(见图 2.4),整体以黎族的装饰纹样作为基础设计元素,结合黎族独特的传说故事,采用江西省景德镇市的传统手工制瓷技艺,经过七十二道工序制作而成。

图 2.4　黎风拾锦珐琅彩套杯

(图片来源:2020 海南自贸港文创大赛获奖作品　设计师:林晓瑶)

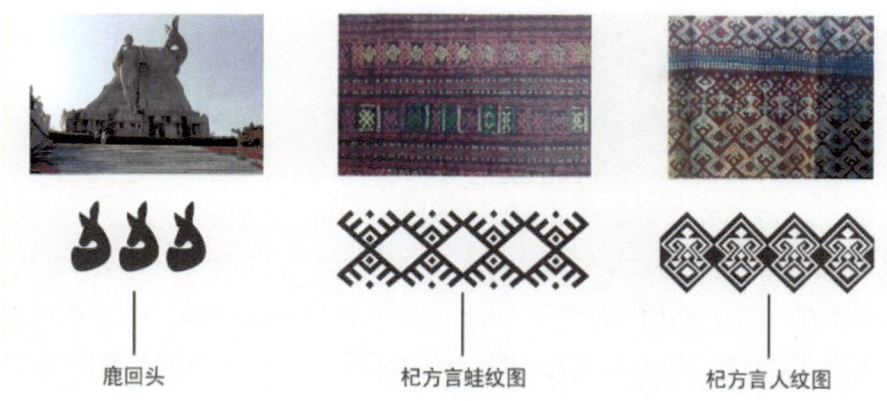

鹿回头　　　　　杞方言蛙纹图　　　　　杞方言人纹图

续图 2.4

套杯是由林晓瑶于 2020 海南自贸港文创大赛上设计的文创作品,经评比获得铜奖。设计过程中,以黎族社会中脍炙人口的"鹿回头"传说作为杯盖上柄的主题,象征着美好与吉祥的祝福,抽象的、写意的黎族图案演变为盖柄造型,与现代工艺有机结合,使其兼具实用性和美观性,呈现出文与质的和谐。杯身与底盘则借鉴黎族的杞方言蛙纹图和杞方言人纹图等黎族织锦中具有代表性的传统吉祥纹样,遵循统一对称的原则进行纹样再设计。杯口以两道蛙形纹内含人形纹的形式绕杯口一圈,形成色彩、图案对称的装饰图样;底盘则以几何形式对人形纹和蛙形纹进行解构重组,具有强烈的视觉冲击力而又有和谐稳重的艺术美。这样的吉祥纹样再设计在形式上更为简练,又不失原有的文化内涵,表达了风调雨顺、人口繁衍、社会昌盛的美好意愿。

套杯的整体设计主要遵循图案、色彩对称统一的形式美法则,体现出素雅、稳重、简约等现代审美的特点。珐琅蓝朴素优雅,轻奢绿生机勃勃,景德镇制瓷工艺真金描线作为载体,呈现出明亮的色彩搭配极简和极繁的相互碰撞。

2. 百福具臻礼盒

年画,应庆贺新年而生。在古代,每当春节来临,除了燃放烟花爆竹外,还常张贴新年画。人们以张贴年画的形式,祈求来年风调雨顺、幸福安康。年画是民间艺术的一种,是一种非常特殊的绘画体裁,为了增加节日气氛,年画色彩鲜艳,造型夸张,观赏性强。

桃花坞年画历史悠久。按照中国的习俗,过年时,家家户户都要贴上年画,避免鬼魂入侵,祈求来年生活幸福,营造欢乐的新年气氛。在桃花坞年画发展过程中,可以看到它们的功能会随着社会需要而变化。随着时代的变迁,桃花坞年画的发展正在萎缩,虽然目前市场需求不高,政府扶持力度不强,行业缺乏合格人才,但目前桃花坞年画已经被列入非物质文化遗产名录,人们对桃花坞年画的历史、文化和美学仍高度赞赏。

百福具臻礼盒是用年画元素来设计的文化创意产品,设计整体灵感来源于"福"字年画(见图 2.5)。"福"字年画是桃花坞年画中的代表,整体线条细腻,红色"福"字占满整个画面,人物由"麒麟送子""天宫赐福"等喜庆人物组成,象征着人物身份显赫的牡丹和桂花围绕在人物和"福"字的周围。整个画面平静而快乐,体现了人们对幸福生活的向往。

图 2.5 "福"字年画

(图片来源:微信公众号——苏州好风光,展品藏于苏州桃花坞木刻年画博物馆)

礼盒由一个陶木制托盘和一套杯具组成(见图2.6至图2.8)。陶木制托盘共三层,第一层选用榉木材料,通过现代工艺切割雕刻,尽可能地还原了"福"字年画的整体,细节和质感都得到了很好的保留,榉木的运用也展现出一定的木质肌理感;第二层采用吸水陶瓷,吸水速度快,增加了托盘的层次效果,也具有较强的实用功能;最底下一层设有软木垫,防止滑动时杯具损伤,也防止划伤桌面。杯具采用陶瓷制作,五件一套,杯体的"福"字图案采用年画的"福",提取线条,其他图案则采用吉祥元素进行木刻,配以红色,让人们感受其中的文化气息。[①]

百福具臻礼盒
内部构造

第一层:壶承   第二层:快客杯套装

图2.6 内部构造图
(产品版权:苏州市公共文化中心)

礼品套装是按照"五福"的原则来设计的,即五福临门,也符合礼盒的主题"百福具臻",表达了设计师对使用者的美好祝愿:五福聚到,幸福美满。

年画,题材广泛,技法各异,亮点纷呈,是中国民间艺术的一颗璀璨之星。进入21世纪以来,年画的制造逐渐消失,随着社会的发展,传统的手工制作方法已经被取代,人们的生活变得更加舒适,更加关注经济效益和追求科技使用。手工制作桃花坞年画,产量低,在时代发展中逐渐变成"濒危"技艺,并且受外来文化的影响,这种传统民间手艺越来越不受重视。

非物质文化遗产的衍生产品设计,保留了桃花坞年画的元素特征,在一定程度上弘扬推广传统文化。百福具臻礼盒的设计,让大众有更多的机会接触到桃花坞年画,是一个很好的推广"非遗"的例子。

3.梁平竹帘蓝牙音箱衍生设计

梁平竹帘又称梁山竹帘,是中国民间工艺品,是一种竹帘画。它是一项流传千年的历史文

---

① 苏州好风光.风光设计|桃花坞木版年画+文创,让非遗走进生活[EB/OL].(2021-04-25).https://mp.weixin.qq.com/s/qhcYmVjN19lNl2LTBrh4Yw.

造型非遗衍生设计

图 2.7　产品实拍图(1)

图 2.8　产品实拍图(2)

化遗产,已被列入中国国家非物质文化遗产名录。梁平竹帘已有一千多年的历史。据史料记载,早在北宋时期,它就被列为皇家贡品,在世界上享有良好的声誉,被称为"天下第一帘"。它以当地丰富的竹子为原料,运用传统工艺,结合绘画、书法、刺绣、植绒等表现技法,制作出各种形式的挂帘、屏风、装饰画和实用工艺品,工艺精湛,风格独特,外观典雅。文人墨客也可以竹帘为纸,在其上题字、绘画,所以其艺术形式往往具有强烈的诗意、丰富的东方色彩和民族色彩。

　　在设计师和艺术家的参与下,传统的梁平竹帘开始有了新的面貌和变化——将传统技艺与科技结合,走在时代发展的前端,融入大众的生活之中,成为一项家电类的非遗衍生设计品。来自重庆的梁平竹帘传承人牟寅初和牟静平,与工业造型设计师施斌联合,将梁平竹帘这一传统工艺应用到现代化的蓝牙音箱设计上(见图2.9),可谓是构思奇巧、匠心独运。从功能方面来说,作为原材料的竹子,它的声音与信号传导性都十分不错,音乐经过梁平竹帘为传播介质传导之后,声音会变得更加温润,音色会更出众。同时,其竹制的材料也不会影响到蓝牙信号的传导。值得一提的是,作为载体的梁平竹帘,有着小巧轻便、质地绵薄的特点,所以梁平竹帘蓝牙音箱也具有了轻巧易拿、携带方便的特点。所以在功能设计上,梁平竹帘这一传统工艺完美地适配了蓝牙音箱的特点,可谓是天作之合。

图2.9　梁平竹帘蓝牙音箱(设计者:牟寅初、牟静平、施斌)

　　同时在装饰性上,国画艺术家汪大伟也在其帘面上绘画出国画作品《独钓寒江雪》。国画艺术的加入,为这件作品增加了缥缈、典雅的意趣。如图所示,画上所绘在广袤无垠的江面上独有一艘小船,小船之上独坐一蓑翁,静坐垂钓,远处景物相隔甚远,蓑翁静静地享受此刻的孤寂、清冷的氛围。此画可以通过这种孤寂、清冷的意境使得观者与使用者获得宁静与放松的感觉,与其播放的音乐一同带给使用者一场独特的视听盛宴。梁平竹帘蓝牙音箱这样的电子产品,成为进入生活的艺术家居品,音乐与绘画、听觉与视觉的双重享受,让生活充满诗情画意。它也完美

地在功能与装饰、传统非物质文化遗产与现代科技之间寻找到了微妙的平衡点,和谐地将两者纳入同一个载体之中。

第三节　服饰服装

1. 蜀锦服装

成都,位于四川盆地的成都平原,独特的气候和地理条件,使得这里物产丰富,农业和手工业十分发达。因为适宜桑树的生长,桑树在这里得到大面积种植,因此造就了这里的一种工艺精美的丝织品——蜀锦。据史料记载,春秋战国时期便已经有了蜀锦的织造工艺,到两汉三国时期蜀锦已经名扬海内。到了唐代,蜀锦通过陆上丝绸之路和海上丝绸之路传到了欧洲诸国和日本等地。蜀锦的生产过程极其烦琐,造价昂贵,只有王侯将相和富裕阶层才能使用。想要制作完成一匹蜀锦,要经历十多个工种。五六十道工序。"投梭"工艺是决定蜀锦成败的关键。仅仅是制作一厘米大小的蜀锦,就需要投梭 120 余次。投梭工与提花工一个接线提经、一个引线打纬,两人相互配合,即使在配合默契、操作熟练的情况下一天也只能制造出数厘米的锦缎。

唐代佛教盛行,莲花作为佛教纹样的典型代表在当时的蜀锦之中得到大量的运用。唐朝国力强盛,对外交流频繁,各种宗教、哲学、文化艺术兼容开放,因此蜀锦纹样呈现出不同地域文化的样式。唐蜀锦常采用团窠纹,中央饰以动物纹样,四方连续的反复循环纹样,讲究对称,图案色彩丰富。宋朝的蜀锦有八答晕锦、大窠狮子锦等。蜀锦从宋文人画中汲取灵感,把折枝花鸟等元素运用到蜀锦织造之中。元明清时期的蜀锦有了更加快速的发展,其规格和样式有数百种之多。蜀锦的经向彩条为基础的起彩工艺,提花织造出华丽精美的纹样,整体配色富丽而典雅,独具地方特色和民族风格。

如图 2.10 所示,蜀锦大师胡光俊与高正雅装设计总监李军叶通力合作,把莲花、牡丹等中国传统纹样运用到服装的设计、制作和剪裁之中。团窠牡丹为服装表现的主要对象,连缀式缠枝花纹,构图华美流畅,极具蜀锦服装雍容华贵之美。底色以橘黄色为主要的色彩倾向,点染朱红、蓝等色。这些散落多样且对比强烈的色彩和纹样,与背部通体的月牙白形成对比,使整体更加和谐。对比与调和色彩配合,橘黄、月牙白作为服装大背景和底色,色彩层次丰富、华美富丽。蜀锦色彩华丽浓厚、技艺文化悠久绵长,对传统蜀锦色彩的搭配进行借鉴,在传统色彩搭配基础上进行创新,运用到现代服装设计之中,使其在色彩上具有传统文化内涵。

历经两千多年的蜀锦,利用现代化的剪裁、设计、制作方式,呈现出令人耳目一新的装饰效果。用蜀锦制作而成的现代服装,设计款式新颖、时尚,让千年韵味的蜀锦更加符合当代语境下的审美要求,令厚重的蜀锦增添时代的生机。蜀锦持续发展的精髓就是深深根植于传统技艺,把蜀锦和现代设计艺术进行融合,对传统元素进行再设计,使传统的纹饰更符合当下大众的审美潮流。

"芙蓉城三月雨纷纷,四月绣花针;羽毛扇遥指千军阵,锦缎裁几寸……红酥手青丝万千根,

图 2.10　蜀锦服装（胡光俊、李军叶合作设计）

姻缘多一分。"蜀锦,千年的非遗织造技术是我们每个国人的骄傲。技术在不断地创新,在当代技术和语境下的蜀锦正被不断丰富、改造,蜕变、升华。

2. 蜡染服装

据《后汉书》记载:"武陵蛮……织绩木皮,染以草实,好五色衣服,裁制皆有尾形……衣裳班兰。"这表明了我国蜡染悠久的历史、发展的脉络和艺术的特色。

蜡染的工艺过程并不繁缛,首先把蜡融化绘于布匹之上,后入染料,既染,经热煮脱蜡,花纹就此显现。蜡在绘制和入染过程中,由于受热而发生皲裂,使得染料透入皲裂部分,形成一种"冰纹"般的效果。

千年来苗族人民没有发展形成自己的文字系统,苗族的古代先民,运用多种多样的符号视觉形式,去表达他们的世界观和价值体系。他们传播自己文化的方式独树一帜——歌唱和蜡染。苗族先民由于政治和经济方面的原因经常处于长途的迁徙奔波之中,迁徙途中他们把看到的地域文化、风土人情以图案的形式记录下来,通过蜡染的技术流传下来,最后深深烙印在民族血脉之中。蜡染的技术在苗族人民心中不仅是形成视觉艺术装饰的纹样,更是他们民族精神的不断传承。

苗族蜡染写实性、叙事性的艺术特色源于中原文明,但其在千年发展过程中与中原文化有了气质性差别。贵州地貌多山川河流,交通不便,各个部族交流不畅,相对封闭,受中原文明影响较小,使得原有的文化形态能更好地保存和流传。

服装设计师成昊把苗族蜡染技艺运用到现代服装之中(见图2.11),以蓝、白两色为主。作为天然染色剂的靛蓝可以由多种植物制造而成,如蓼科的蓼蓝、十字花科的菘蓝等。蓝、白二色干净纯粹,白底蓝花的装饰效果、粗犷有力的艺术语言,使得整体服装具有浓郁的民族色彩,显得韵味十足。

图 2.11　蜡染服装

(图片来源:微博　博主、设计师:成昊)

纹样装饰上,设计师把传统蜡染技艺和现代服装设计的理念相结合,对龙凤纹、鸟纹、花草纹以更加简洁利落的方式进行表现,简化而抽象的花草纹样,通过变形、夸张等手法,打破了传统纹样的繁杂琐碎。靛蓝在布料上深浅不一的色彩表现,给人带来视觉上的层次感。

把传统的蜡染图案纹样与现代的时尚元素进行融合,删减其陈旧的形式,保留其经典的内容。对苗家口口相传的故事,如鹡宇鸟、蝴蝶妈妈、太阳鼓等题材进行艺术的再创作和再表现,通过苗家传统的蜡染和纹样元素,在现代时尚的舞台上重新演绎了这一门古老的艺术。根植于传统蜡染的土壤之中,面向广大的大众消费市场,针对不同人群的消费需求,生产制作出适合各年龄段、各阶层的蜡染服装,只有这样,蜡染才不仅仅是非遗名录的一栏符号。

千年的蜡花坯布还在翻卷浸染,白蜡皲裂,染液透入白布,留下那独一无二的花纹。

3. 千层底布鞋

纳鞋底的产生是我国制鞋史上一次伟大发明。根据山西侯马考古资料显示,东周武士跪像的鞋底有明显的针眼纳底线纹,这是我国所见最早时期的纳底鞋。

千层底布鞋的制作大抵可分为制鞋底、制鞋帮、绱鞋三个步骤。布鞋的鞋底用布或一些零碎的布头。用面粉熬上一锅糨糊,浓稠要做到适中,太稀黏性不大,太稠则干后容易出现疙瘩,穿起来影响舒适度。把熬好的糨子一层层刷到布头上,每层布需做到光滑平整,五六层就为一版,有的农村家庭直接把糊好的袼褙糊到做饭的大案板上、墙上,在太阳下晒干,这就是"袼褙"。

根据每个家庭成员脚的长短尺寸在袼褙上剪成大小不同的鞋底的形状。把剪好样式的鞋底层层堆叠,用白布条缝一圈包边,然后一针一线地纳。纳鞋底是一个烦琐而冗长的过程,真是千层底、万针线。

内联升布鞋(见图2.12)与《大鱼海棠》动漫合作。《大鱼海棠》是一部熔铸中国古代神话文学的电影,剧情囊括了《山海经》《逍遥游》等文学故事体系和地域民俗、建筑文化,使整部影片有着浓厚的东方神韵。内联升布鞋把影片中的中国色彩美学,在鞋面呈现出来。"北冥有鱼,其名为鲲。鲲之大,不知其几千里也。"(取自《庄子》的内篇《逍遥游》)鱼的纹样可以追溯到新石器时期半坡彩陶的装饰之中,之后更是作为美好富足的象征,广泛运用于瓷器等器物的装饰之中。该产品取鱼鳞纹饰运用在鞋面、鞋帮之上,单个鱼鳞以藏青和蓝色为基调,采用渐变的表现形式、连续的排列组合方式,产生一种海浪般的视觉效果。龙凤是民间神话传说中的神兽,但是其形象是多种现实中生物的组合,其形象具有祛邪、祈福的寓意。把《大鱼海棠》最具代表性的龙形象的龙角运用到布鞋的设计之上,白色的龙角、鲜红的龙须从鞋头贯穿鞋面一直延伸到鞋帮,破除了鞋子整体蓝色色调的孤寂,具有强烈的视觉表现力。

鞋子色彩灵感来源于《大鱼海棠》中的色彩元素,片中的海棠花、鲲、灯笼都是中国标准的红色,具有中国式审美的张力,让作品尽显唯美又表露苦涩的味道。鞋面蓝色底纹色调借鉴《大鱼海棠》作品中海、天的蓝色色调,犹如蓝色大海波涛汹涌,让人难以忘怀。

中国人对布鞋有着独特的情感关切。20世纪五六十年代人们的生活窘迫,人们脚上穿得最多的是妻子或母亲做的老布鞋,黑面白底的老布鞋,穿起来舒适、透气。那一辈的人,几乎都是穿着母亲做的布鞋长大的,布鞋里满是父母对子女浓浓的爱意。每一个经历过那个时代的中国人,看到千层底布鞋,抚摸着那一针针细密的针脚,似乎看到昏暗的灯光下母亲一针针纳鞋底的画面。母亲那绵厚深沉的爱意,在那布鞋之中似乎从来不曾离开过。慈母线,千层底,是那个

图 2.12　千层底布鞋

（图片来源：内联升官网）

年代母亲对异乡游子深深的爱、浓浓的情。千层底布鞋是中国底层劳动人民智慧与情感的显现。

　　内联升立足于千层底布鞋制作的传统技法，从百年前为官宦阶层制作朝靴，到现代与《大鱼海棠》等动漫影视合作，经设计师的重新设计和潮牌、名人的联名款，颠覆公众对千层底布鞋老土的固有印象，给人新潮的全新体验。

4. 花丝镶嵌首饰

　　颜建超等在《"花丝镶嵌"概念的由来与界定》一文中对花丝镶嵌的定义为："花丝镶嵌属于金银细金工艺。"

　　"花丝镶嵌"可以追溯到商周时期青铜器装饰图案"金银错"的制作工艺。"金银错"属于镶嵌工艺，风格十分奢华。青铜器物铸造成型时，在器物上刻线留下凹槽，把金银细丝镶嵌进凹槽中，最后打磨平整，使金银丝与青铜器物表面平整一致，独具韵律华贵之美。"金银错"之中的金银丝、镶嵌技艺为之后的"花丝镶嵌"奠定了基础。

　　经过历朝的发展，到了明代金丝镶嵌技术达到了顶峰。花丝镶嵌和景泰蓝制作技艺、雕漆技艺、金漆镶嵌髹饰技艺、北京宫毯织造技术、京绣、北京玉雕、象牙雕刻并称"燕京八绝"。

花丝工艺又称累丝工艺,把金、银、铜等具有良好延展性的金属制成花丝,花丝制作是把金属加热熔化冷却凝固成细金属条,用镊子把金属条用力均匀地从拉丝板大小不一的孔洞中拉出,形成细如发丝的单根素丝。

堆即堆灰,将码好的细丝在固定成型的炭灰形上绕匀并进行焊接,最后胎被火烧成灰,只剩下立体镂空式样的花丝。

垒是将掐好的花丝层层垒叠,然后进行焊接。

编是用一股或多股花丝按照经纬交叠的方式编织成席纹、十字纹等各色纹样。

织是用多根单股细丝,织成类似纱网效果。

掐即掐丝,填即填丝,就是将掐制好的花丝填入图案之中。

攒就是将作品上分开制作的各个部件连接在一起。

焊就是焊接,就是将各个部件焊接成一个整体。焊接时需要焊药及硼砂,数量要适中,过少会焊接不上,过多则影响美观。

芦微雅韵(见图2.13)是一件由翡翠、黄金,配合花丝镶嵌工艺制作的项链饰品。吊坠整体外观为一个葫芦造型。葫芦谐音福禄,葫芦的造型像妇女孕育时凸起的腹部,于是在中国的文化语境之下葫芦具有子孙满堂的美好象征。吊坠上部采用传统掐丝工艺,将压扁的花丝,填进葫芦形的轮廓里,吊坠上部的图案采用的是传统桂花纹,上部具有浮雕效果的梅花枝条纹样,是采用浮雕的形式粘焊在器物之上。"点本质上是最简洁的形",在梅花的枝条上嵌有颜色各异的矿块,这些小的矿块对于整个吊坠而言是点,很巧妙地运用了点在现代设计中的关系,矿石点依附下部梅花枝线或面的支撑,整体设计显得和谐富贵。

图 2.13 "芦微雅韵"花丝镶嵌首饰

(图片来源:站酷网)

下部是一个小如意翡翠造型,如意在中国的传统文化之中有福气、圆满的寓意。玉文化在历史的发展之中,有着丰富的文化内涵和气质秉性,其中包含着"润泽以温"的无私品德、"瑕不掩瑜"的廉洁气魄。这件吊坠作品在材料、造型、风格、情感各方面都很符合中国人的审美要求以及对美好生活向往的情感。

黄金镶翡翠饰品色彩的搭配在体现设计美感的同时,也体现出黄金、玉石自身的美感。羊脂白玉低调内敛,紫玉石富有内涵,绿色充满生机和活力。芦微雅韵吊坠的设计,黄金和绿翡翠的对比设计手法,创造出一种活力、艺术的气息,很好地迎合了消费者审美的时代新要求。

时代在发展,传统花丝镶嵌工艺也需要紧跟时代潮流,基于民族文化和精湛制造工艺,不断开拓创新。传统花丝镶嵌工艺复杂、耗时,导致其制作成本高昂。花丝工艺的现代化探索体现在材料、造型、风格和情感等方面,提升花丝镶嵌在现代人生活、审美中的作用,让花丝镶嵌这一传统技艺焕发出新的生机。

第 三 章

空间设计类

1. 苏州博物馆

俗话说,"上有天堂,下有苏杭",便是指江南水城,古称姑苏的苏州,苏州特质将风物雅丽的气质发挥得淋漓尽致。江南作为一座富饶的水城,以其古城精致优雅的魅力吸引着人们的目光,它有锦上添花的白墙黑瓦、充满风韵的细柳、荡漾的水波纹以及翠绿与红色的点缀。苏州博物馆(见图3.1)在这样的山水虚实境界之中,结合中国传统文化和建筑美学,刚柔并济,营造出和谐优美的江南园林效果。

图 3.1 苏州博物馆

(图片来源:苏州博物馆官网)

在整体布局上,利用水面作为周边古建筑风格的延伸,建筑环绕水面,形成一种向心、内聚的格局,使人感到开朗宁静。[①] 在设计空间方面,苏州博物馆分为室内室外,由两个互相交流又彼此独立的空间构成。除了一般建筑物的容纳结构之外,苏州博物馆的独特之处在于其增加的交流空间和艺术空间,以及它们之间的排列组合。以交流空间的视角切入,大部分展厅多构建成八角与长方形的几何形状。八角形空间近似圆形,一般作为中心与主体,加强中心感受;长方形区域则是呈辐射状分布,起到沟通与汇集的效果。两种形制的空间都为展品拓展了展陈形式,也为人体和展品的交互增添了更多可能。以上的空间布局满足了场地与参观的舒适度要求,同时在外立面上运用复古园林书房结构,在细微之处拉长了时空维度,给人以独特的空间审美享受。整体为鳞次栉比的多元几何形,运用空间对称设计,使得人们无论处于哪一个角度观摩,仿佛都没有移动一样。从艺术空间来看,以暖色为底,陶瓷、玉器、漆器、珐琅等传统元素点

① 朱心怡,江滨.贝聿铭 用光线来做设计的建筑大师[J].中国勘察设计,2018(01):72-83.

缀其间,交相呼应。参观者从入口的一角逐渐扩大视野,从低处向高处展开思维。例如,穿过狭窄的走廊时,一个空荡荡的展厅连接着两个侧厅。空间形态和视角来回变化,打破固有的一个层次,意在提供丰富而饱满的艺术体验。

强调在传统中有所创新,是苏州博物馆在设计风格上的特色。传统指的是,中国传统建筑的审美观念与苏州文化和地质特征。创新则主要是在材料方面,玻璃屋顶与石屋顶形成对比,可以使光线最大限度地进入,从而实现更好的展览效果与节能效应。而在玻璃屋顶下,多使用金属与木构件的组合,来控制进入展区的阳光。同时用黑色的花岗石片代替苏式的传统瓦片,将它们切成菱形块,铺贴在倾斜的不锈钢屋顶上。这种特殊的"瓦片",下雨时变黑,阳光下则是深灰色。石质屋顶和墙面饰面使用深灰色的石材,与白色墙壁相配,相互映衬,合为一体。庭院设计方面,将苏州园林的经典风格——自然融入建筑,发挥得淋漓尽致。尤其是北面的主庭院,背靠拙政园,周围则全是新建筑。小桥流水,卵石湖岸,继承了中国传统园林文化的同时,也颇有新意,如诗如画。

苏州博物馆,作为一个在极简主义指导下的现代建筑,将传统的园林美学与极简主义相互结合的同时,也为文物的展陈提供了一个别具一格的空间,是中国建筑历史上一个重要的丰碑,"它既是现代园林的延续,也是人们向往的世外桃源"①。

2. 江苏南京:秦淮灯会

秦淮灯会,是一种盛行于南京的民俗文化,因为南京古称"金陵",所以又名"金陵灯会"。秦淮灯会作为国家级非物质文化遗产之一,在中国人最重要的节日——春节与元宵节之间举办。作为秦淮优秀传统文化的重要载体,这项活动早在南朝时就出现了。在明初建都南京后,洪武皇帝朱元璋兴办灯节,并将持续时间延长到十日,然后在秦淮河上点亮了数千盏河灯,河面上行着挂满花灯的小舟(俗称"灯船"),一时风光无二,于是流传下了"秦淮灯火甲天下"的赞誉。而到了现代,南京自20世纪以来,过年期间的盛会大多集中在夫子庙场地。现在则随着人们的追捧,已经拓展到"十里秦淮"的周边。中心区域包括夫子庙、瞻园、白鹭洲公园、江南公园展览馆、中华门、瓮城展览馆、中华路、平江府路、瞻园路。②

秦淮彩灯制作结合了多种中国传统的工艺,比如书法、编织、绘画、剪纸、刺绣等。制作材料也多种多样,现代与传统交叉使用,如竹木、藤编、麦秆、动物角、金属等。彩灯的发光源也不断地进行变革,从用松节油、动植物油、石蜡、煤油等化学燃烧材料,过渡到现在更为环保安全的电光源。彩灯表面糊上的透光材料,也从宣纸、丝绸、漆线、棉布演变为现代的合成材料,如塑料薄膜、特种玻璃等,色彩更丰富的同时更加经久耐用。除荷花灯、狮子灯、兔灯、金鱼灯、青蛙灯等早期的各类自然仿生形象,伴随着社会生活的不断进步与科技发展,远洋客轮、运载火箭、城市建筑、山林景观等反映现代生活的题材也不断涌现。③ 在大型花灯花团锦簇的华美气质之下,

① 资料参考:苏州博物馆 http://nova-hardware.com/case/casesdetail_6.shtml.

② 中国的非物质文化遗产——秦淮灯会[EB/OL]. https://www.360kuai.com/pc/9b808bf67bf7674d6?cota=4&kuai_so=1&tj_url=so_rec&sign=360_57c3bbd1&refer_scene=so_1.

③ 江苏地情网.秦淮花灯艺人访谈[EB/OL]. http://jssdfz.jiangsu.gov.cn/art/2015/5/22/art_57408_6874055.html.

它们也是整个灯会绝对的主角。同时剪纸、传统编织、雕刻、皮影、民间舞蹈等民间艺术形式的混合,使得灯会传统与现代相结合,为其他地区的民俗文化活动,起到了带头作用。如图 3.2 所示,拥有 1700 多年历史的秦淮灯会,在悠久的历史长河中,渗透着六朝古都的风采与意境,且多见于文人骚客的笔下。此外,现代秦淮的大型灯光展举办 30 多年中,每年都围绕不同主题进行布置,各有特色。作为一项重要的民俗文化,秦淮灯会是南京市民传承和发展传统文化的重要文化盛会,自古以来,它就是秦淮文化的重要组成部分。南京人在灯会上游逛、观赏、点灯,同时寄托着人们对未来的美好祝愿,大家在新的一年里祈求风调雨顺、全家幸福安康、心想事成。南京有如下说法:过年必须去夫子庙看灯会,也就是说,如果不去夫子庙看灯会,就过不了好年。足以可见灯会在南京人心中的地位。

图 3.2　秦淮灯会
(图片来源:视觉中国图播快报)

秦淮彩灯在造型、色彩、做工上都体现了南京人的审美情趣,具有很高的艺术价值。秦淮灯会取得了可观的经济效益,带动南京地区旅游、商贸、娱乐业发展的同时,也融合了南京人民的精神气质、文化风貌和生活追求,做到了多方兼顾,惠及大众。

3. 广州灰塑:灰塑弧形照壁《百鸟朝凤》

灰塑,又名"灰批",是一种传统建筑装饰工艺。2008 年 6 月,被列入国家级非物质文化遗产名录。古时用于古刹、庙宇和建筑装饰,是一种独特的房屋装饰工艺,经过多年的风雨,它也不会褪色。灰塑工艺技法独特,石灰作为主要原料,具有良好的耐酸碱性,非常适合广州潮湿的气候。此外,灰塑不需要烧制,可现场施工,灵活、易用,主要工艺流程有炼制灰泥、构图、批底、塑型、上彩等。灰塑题材丰富,纹饰多来自神话故事、花鸟鱼虫、传统吉祥图案等。色彩饱满,善于从大自然中提取红、黄等暖色,给人以愉悦、欢乐、温馨的视觉感受,将红、绿、黄、紫组合在一起,补色运用得当,体现出艺术家的出众水平。背景色是黑色或白色,偶尔也会以一个色彩为主,与大多数颜色相匹配,使图像丰富统一。红、白、黑等单色的使用让边缘更加清晰,作品和谐,体现了岭南地区的色彩特点。

广州建发央玺,是建发首个打造"非遗活化"的项目,尝试将传统"非遗"元素与建筑融合。《百鸟朝凤》巨型灰塑弧形照壁(见图3.3),目前是世界上规模最大的单幅灰塑作品,色彩明艳,活灵活现。建发邀请传承人邵成村共同打造照壁,邵成村自1979年随父亲学习灰塑技艺,30年来参与修复大量文物保护单位的灰塑,使灰塑技艺逐渐被人们熟知。目前,已有20多人跟随邵成村学习灰塑技艺,将灰塑工艺团队不断发展壮大。

图 3.3 灰塑照壁《百鸟朝凤》

(图片来源:中国日报网)

经过数百年的传承,灰塑有着传统及固化的特点,而当代景观体系亦有其自身的时代感。《百鸟朝凤》在色彩上,采用褐色与绿色为主要颜色,与整体环境协调统一;在造型手法上,采用灰塑最具特色的浮雕与半浮雕结合,立体与半立体相呼应,层次分明,鸟儿生动灵巧地穿梭在画面中;在构图设计上,整体采用横构图,犹如一幅灵动的中国花鸟画。

灰塑弧形照壁《百鸟朝凤》是一次出色的"非遗"跨界,灰塑与现代建筑的融合,打开了"非遗"走进大众生活的新思路,平衡了灰塑中的"传统"与建筑中的"现代",是"非遗"与空间设计结合的典范。

4. 河北唐山:皮影主题乐园

唐山皮影,又称为"乐亭影""滦州影""驴皮影",为国家级非物质文化遗产,以乐亭方言为基础,流行"掐嗓唱"。它是一种有着精美的雕刻工艺、灵巧的操纵技巧和抒情唱腔的综合艺术,曾在明清时期受到了大众的广泛喜爱,但由于时代的变迁,遇到了发展的困境。

2020年5月,中国·唐山皮影主题乐园(见图3.4)开园,乐园主要区域有低碳生活馆、皮影大道、旋转皮影、皮影剧场、皮影巨人等。设计"皮影兔"一家的视觉形象,使之贯穿园区,引导游客。在入口处,我们可以看到皮影乐园的"形象大门",大门通体银色,金属结构建筑,由六根柱子撑起大门。灵感来源于立体主义,将唐山皮影进行解构、再组合。外轮廓棱角分明,线条犀利,内部搭配云纹,与外轮廓相中和。穿过"形象大门",行至"星光大道","星光大道"上放置了

卓别林、孙悟空、迈克尔·杰克逊等人物的皮影造型,结合了唐山地区经典的皮影图案,引来许多游客与之合影。"皮影巨人"是"皮影爸爸"和"皮影妈妈"牵手保护"皮影宝宝"的建筑形象,"皮影宝宝"活泼可爱,"皮影妈妈"充满谨慎,"皮影爸爸"鼓励孩子畅快玩耍,整体建筑从二维的皮影转向三维的空间,建筑内运用唐山皮影的纹样进行装饰,总能在下一个转角遇到不一样的景色,使人赞叹连连。此外,"旋转皮影"与"皮影剧场"也含有浓浓的唐山皮影风格,整个园区风格协调、统一,吸引了大量小朋友与家长前来游玩。

图 3.4 中国·唐山皮影主题乐园
(图片来源:花瓣网)

中国·唐山皮影主题乐园将唐山皮影进行了大胆的开发与整合,时尚中蕴含着传统的思考,传统中透露出"非遗"走向时尚的方向,是一次成功的突破。

5.广西阳朔:阳朔戏楼

阳朔戏楼(见图3.5)是广西极具吸引力的旅游综合体,以广西传统建筑和现代建筑技术为基础,多项"世界之最"分布在戏楼中,使观者目不暇接,流连忘返。"震撼迎宾,全球最大绣球",阳朔绣球由12片花瓣状的丝织物缝制而成,配以鸟虫等纹饰,表示一年12个月不分离、常甜蜜,是壮族男女的定情之物;"镇楼之宝,全球最大铜鼓",戏楼的铜鼓由广西非物质文化遗产代表性传承人韦启初筑造,代表了广西民间工艺的典范;"华丽天幕,全球最大油纸伞",由国家级传承人毕六福制作,伞面以中国水墨画的方式呈现漓江沿岸的九马画山、黄布倒影等著名景点,宛若"天上漓江"。

戏楼中的侗族双层戏台楼由中国民间建筑大师、中华木作大师、侗族建筑艺术传承实践者杨恒金与中华高级木作师杨云东父子和师徒手工打造,再现广西少数民族木结构建筑之瑰丽。立体景观长廊,将广西独有的市井文化一一呈现,虚实结合,使游人仿佛穿梭在千年漓江古镇之中。

阳朔戏楼是阳朔第一座旅游内容丰富、商业功能丰富的商业旅游综合体,戏楼将民族化、体

图 3.5　阳朔戏楼

（图片来源：扬光照明）

验化、常态化的演艺活动贯穿各楼层中，传承人们纷纷将工作室开在戏楼中，可以多角度、全方位地让游客感受传统手工艺的魅力。戏楼聘请专业团队进行传统表演，走进戏楼，便可体验到正宗的八桂文化，似乎能穿越千年，与历史对话。阳朔戏楼是"非遗"与旅游业相结合的优秀案例，可圈可点，值得借鉴。

6. 重庆洪崖洞

　　重庆地形复杂，多陡峭悬崖和坡地，且常年多雨多雾。人们便结合地形修建了独特的干栏式建筑，这种干栏建筑是在传统的吊脚楼的基础上结合重庆天气和地形合理设计的独特的重庆式吊脚楼样式——前半部分架空以木柱支撑，而后半部分是在地面，形成半边楼。二十世纪三十年代后，重庆码头开埠，重庆市民为求生存和发展，不断在沿江崖壁间搭建这种样式的房屋。依山傍水之间，一座座错落有致的楼房连接成片，形成独特的吊脚楼建筑群。

　　随着时代的发展，城市快速扩大，城市需要建造更多的房屋和更宽广的交通路线，传统的木质吊脚楼不断被现代高楼大厦所取代。老旧的居民街区和拥有悠久历史的居民吊脚楼建筑慢慢消失。特别是洪崖洞，因为洪崖洞处于城中两江交汇之处，正是城中最繁荣之地，而现代以来，洪崖洞需要改造成现代最具都市意味的新型城市中心样式。

　　当洪崖洞地区重新规划设计建造时，一位有缘人，拯救了即将全面拆除改建的洪崖洞。这

位有缘人就是现今重庆小天鹅投资控股(集团)有限公司总裁、重庆市洪崖洞文化旅游有限公司董事长何永智。

　　重庆直辖后,各地开始地产竞标,洪崖洞旧城改造项目便是其中之一。洪崖洞的竞标人何永智以"洪崖洞作为一个商业地产项目,不应只是房地产开发,而是应该极力挖掘巴渝文化和加强商业管理"的核心理念打动评审专家,最终拿下竞标,并着手将洪崖洞进行设计改造。反复思索,最终结合洪崖洞所在地地形及历史风貌,决定用传统的吊脚楼的形式进行衍生设计,用独具重庆建筑特色的建筑体修建,搭建起记忆中的"老重庆"文化,并加入了现代的商业布局,对洪崖洞进行修建治理,修建了一个集餐饮、娱乐、休闲、保健、酒店和特色文化购物于一体的综合性城市景区、商业中心,并以"一态、三绝、四街、八景"的经营形态,打造了巴渝文化的休闲业态(见图3.6)。

造型非遗衍生设计

图 3.6　洪崖洞吊脚楼夜景

(图片来源:微信公众号——洪崖洞景区)

　　洪崖洞是重庆传统吊脚楼的形制、结构、营造的延续,主要由吊脚楼、商业步行街、旧时吊脚楼雕塑等多个景观组成。在具体形制上,结合商业区的运营模式及重庆天气酸雨的影响,将传统重庆吊脚楼容易被腐蚀的木头材质换成了条石,又将竹墙换成了砖壁,得到防火的效果,这样既能保持更持久的质保,更方便后期维护与修理。

洪崖洞重建的原则,一是对地形的适应,二是对巴渝文化的整合。在适应地形方面,重庆作为一座山城,洪崖洞景区继承了传统吊脚楼的特征,突出山地建筑的特色,综合运用重庆吊脚楼建造中的台、吊、坡、梭、拖、靠、错、架、合、跨、搭、分、挑等手法,将传统吊脚楼建造技艺与现代建筑材料合理搭配。而在文化的整合方面,洪崖洞景区将传统的建筑空间设计理念,配合以现代化的环境艺术设计,突破了原有的自然风貌。通过景区的整体布局和景观设计,在建筑立面装饰上展现重庆传统吊脚楼的原始风貌,在内部空间设计上使其满足商业街的实用性功能。景区建筑外部的灯光设计更是为这座历史古城增添了未来的气息,集过去、现在与未来于一景之中。①

洪崖洞景区所处的解放碑商圈是重庆首个百亿商圈,辐射范围广,人流量大。游客到访,洪崖洞已经成为重庆旅游客流的首要去向,来往的游人更为重庆创造了可观的经济效益。同时,大量游客的涌入与参观,为险些淹没于历史浪潮之中的重庆传统民居——吊脚楼,又重新注入了生命力,并焕发出前所未有的耀眼光芒,成为巴渝的代表。

7. 景泰蓝壁画

在通往北京市大兴国际机场的地铁线路上,枣园站的绘画装饰运用到了我国传统的四大特种工艺之一——景泰蓝。在枣园站的地铁内部墙壁上有巨幅应用了景泰蓝工艺的壁画,其名为《田园奏鸣曲》(见图3.7)。该艺术作品宽33米、高3米,由175块景泰蓝拼接而成,总面积达100平方米,该作品由全国工艺美术大师周道生负责设计,景泰蓝非物质文化遗产传承人米振雄负责制作。整幅作品宏大辉煌,据悉,《田园奏鸣曲》被誉为"世界地铁公共艺术中唯一的景泰蓝艺术品""我国国内面积最大的平面景泰蓝壁画公共艺术"。

图 3.7 《田园奏鸣曲》

(图片来源:凤凰网时尚《景泰蓝壁画》)

景泰蓝制作技艺是我国传统四大特种工艺之一,在2006年5月20日,被国务院列入第一

① 张姣. 传承吊脚楼文化 营造地域性景观——以重庆洪崖洞场所设计为例[J]. 艺术品鉴,2017(10):
113+121.

批国家级非物质文化遗产名录。景泰蓝在制作工艺上可追溯到明代，是明代一种著名的金属工艺，名为"铜胎掐丝珐琅"。其制作过程需要经过制胎、掐丝、烧焊、点蓝、烧蓝、磨光、镀金这七个步骤。其艺术特色可以用四个字概括——形、纹、色、光，即良好的造型、精美的纹饰、华丽的色彩与金属的光泽，分别对应铜胎的原料、掐丝的工艺、蓝料的配制以及打磨与镀金。这种工艺一经问世就得到了皇室的青睐，一度成为举国闻名的工艺品种，但近代战乱频发，该技术一度式微，新中国成立以后被再度重视与保护，从而使该项技艺再一次映入公众眼帘。

回到《田园奏鸣曲》这幅作品中，这幅作品以绿色表现各式瑰丽的树木、草叶，从而突出"田园风华"，这些植物以奇诡的甚至是歪曲的形式表现出来。除了植物，在画面当中，还有大量的珍稀动物，在画面左半部分有八只麋鹿，右边有七只麋鹿，天空中有大量的正在飞翔的仙鹤与鸟类，最惹眼的当数画面正中伴随金色的旭日而振翅欲飞的火红色的朱雀神鸟。弯曲的植物、飞翔的鸟类、奔跑的麋鹿、振翅的朱雀，这些形式的组合不经意让人联想起汉代云气纹带给人们的"流动的生命感"，一切都是活动的、富有生命的、动态的。在配色上，绿色的植物、棕色的麋鹿、白色的飞鸟、金色的日光、火红的朱雀，这些颜色被和谐地融入这幅《田园奏鸣曲》当中，给人一种胜似田园而超越田园的"史诗般的乐园"的审美体验，从而构成了一幅非常宏大、富有生机而又极具东方神秘与吉祥色彩的瑰丽神秘的图画。在技术上必须提到的是，米振雄先生在制作这件伟大的作品的时候有着极具个人特色的创新意识，他将铜条代替传统铜丝，从而使得造型难度更高，这种尝试是中国工艺史上从未有过的突破，使得传统工艺与现代风格得到良好的结合。他将景泰蓝工艺完善地表达出来，呈现在枣园的地铁站之中，呈现在大众的视野之中，一方面将中国传统的优秀工艺传播开来，另一方面，让公众享受了一次酣畅淋漓的景泰蓝艺术观赏。

8. 武汉东湖宾馆壁画——《楚乐》

《楚乐》（见图3.8）是由湖北省艺术家唐小禾、程犁夫妇创作的大型花釉陶板壁画，在宜昌市陶瓷厂烧制完成，壁画宽12.5米，高5.2米，由1144块24厘米的不同色彩的花釉陶方砖拼制而成。画面以荆楚之地的礼乐文化为创作主题，由舞女、乐师、乐器、楚地文物以及花鸟配饰等元素构成，颜色以黑色做底，黄色表现乐器，红色与白色表现舞女和乐师，蓝色表现花鸟配饰，将当时楚人欢快、激昂的音乐以及活泼、轻柔而热烈的舞蹈场景生动地呈现给广大观者。

《楚乐》这幅壁画的创作有诸多影响因素：其一，时任国家主席的李先念先生入住武汉东湖宾馆时认为宾馆缺乏文化气息，随后东湖宾馆遂委托湖北省美术家协会为其进行公共艺术创作；其二，湖北省随县擂鼓墩曾侯乙墓出土了一整套编钟，为大众展现荆楚大地先民们丰富浪漫的礼乐世界，这给唐小禾、程犁夫妇的艺术创作提供了灵感源泉；其三，传统的壁画材料容易遭到各种腐蚀与自然损毁，因此创作材料必须符合楚地南方多雨潮湿的气候特征，陶板的硬质材料壁画应运而生。

这幅壁画整体上展现了两千四百多年前，演奏技术高超的乐师们运用各种乐器为大家演奏悦耳、激昂、浪漫的楚风音乐，身材窈窕的楚地舞女在各式乐器伴奏下翩翩起舞的场景，再用文物、花鸟等元素的搭配突出楚骚之韵，表现了荆楚大地上艺术文化的源远流长与博大精深。画面构图采用了分层的处理方式，画面最上方主要描绘了三种乐器——编钟、编磬与建鼓，将乐器的底部边缘线作为天然的画面分割线，又设置六位乐师演奏这三种乐器；画面正中央描绘了十一位身形窈窕、伴着音乐水袖起舞的楚地舞女，舞女长袖翩翩、衣袂飘飘，灵动又欢快；画面下方

图 3.8　武汉东湖宾馆壁画——《楚乐》

（作者：唐小禾、程犁夫妇）

的两边描绘的是乐师伴奏的场景,乐器有悬鼓、琴、瑟、笙、埙、笛、排箫,左下一位乐师击鼓,右下九位演奏其他管弦乐器。画面在诸多细节中都运用了独具荆楚特色的元素,如:编钟、编磬这些曾侯乙墓出土的成套乐器文物以及虎座双凤悬鼓、曾侯乙尊盘、曾侯乙联禁铜壶;香草鲜花对应屈原常用香草美人的意象;凤鸟对应楚地图腾;楚地曲裾深衣的服装,等等。

春秋战国时期的楚地在音律与舞蹈上有着弥足长处,以浪漫、雄浑、优美、壮观为特色。当时的楚国有专门的乐官、乐师,乐器八音齐全,还有诸多著名的音乐艺人。《楚辞》和《汉赋》等文献中有大量描写楚地乐舞的诗句,如宋玉的《招魂》:"竽瑟狂会,搷鸣鼓些。宫庭震惊,发激楚些。"描绘了音乐激昂、动人的特征。《楚辞·大招》:"娉修滂浩,丽以佳只。曾颊倚耳,曲眉规只。滂心绰态,姣丽施只。小腰秀颈,若鲜卑只。"壁画中的舞女则完整地体现了楚地对美女的描述,而且将楚地舞蹈的飘逸、轻柔与热烈描绘得淋漓尽致:飘逸源于楚国艺术的浪漫色彩;轻柔源于舞女的灵活、不呆板;热烈则表现在舞蹈的疾徐弛张的节奏当中。

《楚乐》这幅壁画打破了一般壁画单色施釉的常规,采用了陶板刻绘的创新,取代了平面彩绘,使壁画产生强烈的立体感。这幅壁画在色彩上运用了黑色、白色、红色、金黄色、蓝色。画面以黑色作为底色来衬托整体,这是借鉴了楚地漆器的配色原则;律动的舞女用白色和红色来表现,给人流动与飞舞的动态感;搭配金黄色的乐器以及漆绘乐器、蓝色的花卉与凤鸟。从这些配色当中我们也可以看到鲜明的荆楚艺术特色,而深沉、单纯的配色也给人以高贵的单纯与静穆的伟大艺术体验。至于背景的黑色则会将观者吸引其中,透着黑色的深沉与思考,去认知楚国的文化与艺术底蕴的深厚。

9. 浙江金华:燕尾洲公园步行桥

浙江金华的浦江板凳龙是一项传统的民间舞蹈艺术,同时也是我国第一批被列入非物质文化遗产名录的民俗舞蹈。一条板凳龙,具体来讲是一个艺术综合体,其具体展现了广大群众对于艺术的热爱,运用书法、绘画、剪纸、刻花、雕塑、扎制编糊等艺术进行综合展示。板凳龙又称长灯,是由龙头、龙身、龙尾三部分组合而成。其中,龙头一般由村里的手艺人制作,用樟木、橡木等硬木或使用竹篾等雕刻编扎而成,气势不凡,高大威武,有的甚至高达两米。一般在龙头前

有一个龙珠,会写上类似"五谷丰登"的吉祥话,讨一个口彩。龙身则是村民将板凳首尾相连,连成长桥,一条板凳就是一桥,在每一桥上扎上灯笼用作装饰,灯笼由各家各户提供,形态、大小各不相同。舞板凳龙时,由长辈带路,各户的青年舞龙,这不是普通的舞龙,从一定程度来说是各个村庄人口和经济实力的体现,全村老小高度重视并积极参与。过年期间舞龙活动最为火热,通常从腊月就开始准备,演社戏、舞龙灯、张灯结彩,热闹非凡,从除夕到元宵节,长达半月,此外其他传统节日也会舞板凳龙庆祝。元宵灯节的表演核心就是舞龙灯,在乡亲们热情的注视下,运动员们都铆足了劲,使用"游、穿、腾、跃、冲、退、绕、闪、拉、甩"等高超的舞技,把灯笼舞得生动灵活,有时似游龙戏水,时而又似蛟龙出海、飞龙在天。在打擂台时,每个队伍都拿出看家本领,在乐队擂鼓喧天声中,互相比拼着舞龙的招式,你耍"二龙戏珠",我就使"青蛇溜",你出"铁索箍",我就上"荷花旋",在这你来我往中气氛更加火热,全场掌声雷动。

根据这项金华传统的"非遗"板凳龙,八咏桥应运而生(见图3.9),其全名为金华燕尾洲景观步行桥,完美体现了金华的民俗文化与现代技术相结合的工艺之美。从空中俯瞰,整体呈现"龙"的姿态,龙头是金龙湾公园的桥端,龙身是竹木地板的桥身,龙尾是婺州公园一端,而龙爪则是燕尾洲公园中的景观栈道,整个景观将龙的形象表达得灵气十足、生动有趣。其中,燕尾洲公园以"与洪水为友"的理念为指导,通过对不同重现期的洪水淹没分析,保留并修复自然环境,结合自身的植被和地形,构建与洪水重现期相适应的弹性生态防洪堤,同时配置不同洪水适应能力的多样化乡土植物,采用水弹性的设计策略,将防洪灾与生态保育、休闲游憩功能很好地相结合,重点探索了如何与洪水为友,是一个典型的理论与实践相结合的案例。①

图 3.9 燕尾洲公园步行桥

(图片来源:金华市规划局)

---

① 景观中国网.金华市区燕尾洲公园今日正式开放[EB/OL].(2014-05-21). http://www.landscape.cn/news/25953.html.

时至今日,燕尾洲公园已经成为金华的一张城市新名片。自 2014 年 5 月开园后,游人如织,根据数据显示,步行桥的日使用人数平均达 4 万余人次。同时,这一工程通过"与洪水为友"的生态防洪理念设计,不仅促进社区间的交流,也使公园成为赏玩休憩的场所。在吸取民间传统文化的同时,也在重新构建被割裂的文化脉络,强化地域文化认同,强有力地发挥了景观的文化弹性功能。

10. 颛桥剪纸文化公园

"海派剪纸艺术"是上海地区具有地域文化特征的剪纸艺术形式,于 2007 年入选上海市首批市级非物质文化遗产,2008 年入选第一批国家级非物质文化遗产名录。[1] 和上海市的城市文化一样,在不断的发展演变中,"海派剪纸艺术"在上海地区异地人员流动、文化交汇的影响下,呈现出典型的都市文化特征。

颛桥剪纸是"海派剪纸艺术"的一支,盛行于上海市闵行区颛桥镇。剪纸作为颛桥的一大元素,其剪纸队伍强大,影响范围广,深入市民的心中。随着都市的迅速崛起,海派剪纸的传承人们也开始思索,自觉跟随时代,将传统的民间技艺重新融入现代都市生活中。在具体的表现形式上,颛桥剪纸传承人们不仅在剪纸的内容和题材上与城市生活融合更新,同时与政府合作,将传统的纸上剪纸应用到城市景观设计、公共艺术装置上,公共区域的传统剪纸的展示,将人们的生活环境拉入文化历史中去,感受传统工艺的艺术魅力,增强市民对都市环境的保护意识,最大限度地激发区域群众对剪纸的集体情感。

在颛桥,无论是在地铁站、街道、公交站台、公园,处处都饰以颛桥剪纸。其中最具特色的便是颛桥剪纸文化公园,园区面积 15193 平方米,集休闲、娱乐、教育为一体,将中国现代园林设计和传统剪纸传承融合,以有名的颛桥剪纸艺术为景观元素建成这一主题绿地公园。

进入园区,映入眼帘的便是入门处的几对剪纸镂雕白鹤,白鹤是颛桥人民最喜爱的动物,有延年益寿之意,在颛桥剪纸的题材中,也经常能够见到鹤的身影。嬉戏的鹤群形态各异,有的张开翅膀,有的伸长脖子,生动极了(见图 3.10)。

再往园区深处走,道路两旁及公园的花草丛中都伫立着以镂雕形式展现的、以黑色剪纸形式包裹的路灯柱(见图 3.11),当夜幕降临,灯光与剪纸的镂空图案相应,颛桥剪纸的魅力更得映衬。

在广场的通道走廊两侧,雕刻有花鸟草木、教育知识等剪纸艺术画,游人穿梭其中,感受颛桥剪纸的精彩。在花园中,还有一处名为"裁云流水"的主题剪纸装置,用五块金属材质的异形板将颛桥剪纸传承人的系列作品进行展现,配合灯光,有艺术家在云朵上进行剪裁创作的神韵,因此取名为"裁云流水"。另外在园区中,还设有剪纸雕塑、剪纸景观构筑物、剪纸公园家具、休闲广场剪纸装饰、剪纸指示牌等,角角落落无不彰显着颛桥特色剪纸艺术的魅力(见图 3.12 至图 3.14)。

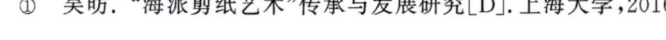

① 吴昉."海派剪纸艺术"传承与发展研究[D].上海大学,2016.

造型非遗衍生设计

图 3.10　群鹤迎宾——颛桥剪纸文化公园入门处

（图片来源：搜狐网）

图 3.11　颛桥剪纸文化公园——路灯柱子

（图片来源：搜狐网）

图 3.12　剪纸装置《裁云流水》

（图片来源：搜狐网）

图 3.13　剪纸雕塑

（图片来源：搜狐网）

公园是为城市生活提供自然观赏和休息娱乐的公共区域,能够使人在放松的氛围中融入自然环境、人文环境。公园中文化元素通过场景的塑造,向人们传达人文和艺术魅力。为弘扬剪纸文化,宣传剪纸品牌,让剪纸更有效地传承,颛桥镇将剪纸元素融入公园建设之中,既美化了公园环境,也增强了公众对本地传统优秀剪纸文化的认知与保护传承意识。建成后的剪纸公园便成了闵行地区一个很好的传承基地,大众到该公园便可领略颛桥剪纸的魅力。

图 3.14　剪纸走廊
(图片来源:搜狐网)

11.湖南高步侗寨——高步书屋

高步书屋位于湖南省通道侗族自治县坪坦河流域——高步村的侗寨建筑群内,由香港中文大学建筑学院 Condition Lab 与广州大学 UAL Studio 联合设计建造,是在"非遗"侗族木构建筑营造技艺的基础上进行的典型衍生设计案例。

始建于明朝洪武年间的高步村寨,历史悠久,延续至今,传统木结构建筑已具规模。由于群山环绕,所处之地偏远闭塞,加上之前一直没有通上水泥路,交通不便,这里的民族风俗和村寨格局保留得非常完整。新修的高步书屋便位于这座古老村寨内。

在经济发展的背景下,近年来,和其他农村一样,高步村内的年轻人正在慢慢走出农村,去到城市生活或外出打工,而村寨留下来的便是留守儿童和老人。项目团队经过考察,综合村落的人文和生态情况,最终决定在广场处修建一座供村内儿童学习的图书馆——高步书屋。

修建好的高步书屋位于高步侗寨的广场处,面积约二百平方米。作为新建建筑,高步书屋并没有选用现代化钢筋混凝土的形式去修建,而是选择保留侗族村寨原有的整体性,采用了本地乡土建筑惯用的木构建筑营造技艺,对建筑进行重新组构。远远望去,书屋整个融合在传统的侗寨之中,和谐而不突兀,延续和保留了侗族独特的人文艺术精神和景观美学品位(见图 3.15)。

图 3.15　高步书屋鸟瞰图和近景
（图片来源：香港中文大学建筑学院）

　　"依树积木，以居其上，名曰干栏"，高步书屋的整体设计便是使用了传统侗族木结构建筑中的高台"干栏式"建筑手法，这种"干栏式"建造讲究布局，整体设计尤为精妙，具有极高的工艺含量。书屋木屋架采用传统凿榫打眼、穿梁接拱、立柱连枋，不用一颗铁钉，全以榫卯连接，结构牢固，缜密接合。并依照原本"干栏式"建筑模式将底层架空，把二楼、三楼作为房屋的主体，以木板铺地，青瓦盖楼（见图 3.16）。

　　书屋的主体框架做好后，结合书屋这一主题，设计团队改进了传统侗寨采光不足的情况，改用透明的阳光板作为立面、屋顶所需采光面，给予书屋足够的光线，方便孩子们学习。而在书屋的楼层间更是选用了连续的木质楼梯连接楼层，孩子们在广场玩耍之际，便可到书屋楼梯处静坐学习（见图 3.17）。

　　远远望去，书屋与侗寨完全融合；走进空间中，却发现它是将侗族传统的木构造建筑技艺进行了整合与创新，这种设计方法为传统的材料和工艺注入了新的生命。

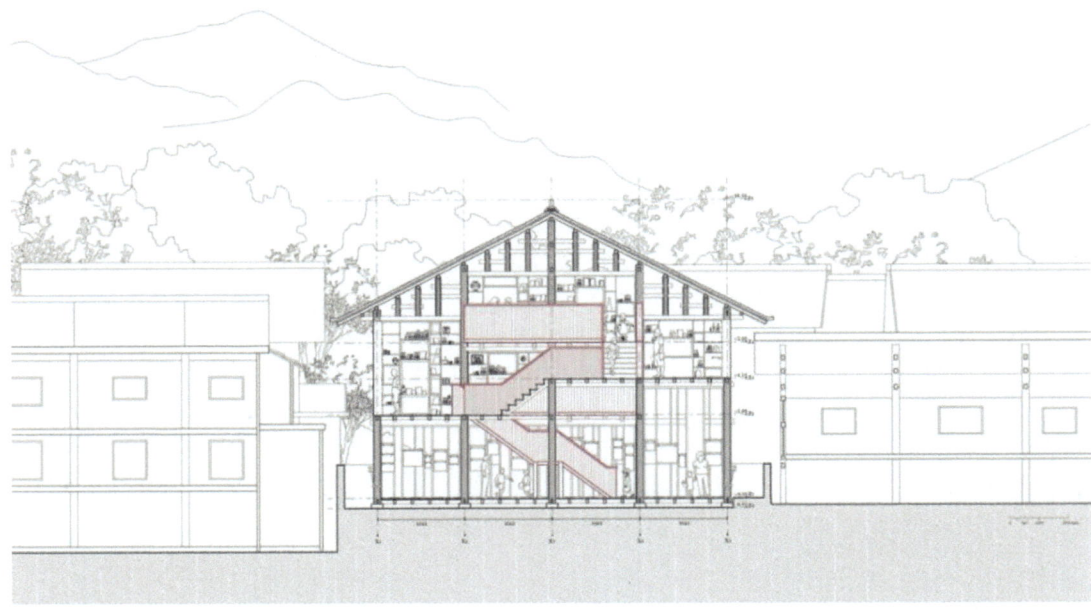

图 3.16　高步书屋——剖面图

（图片来源：香港中文大学建筑学院）

图 3.17　高步书屋——楼梯设计

（图片来源：香港中文大学建筑学院）

12. 竹编万花筒

竹编是我国民间传统工艺之一，由于其材料易得，古往今来竹子便被劳动人民就地取材，制作成生活中所需要的工具，方便人们使用。随着人类文明的不断发展，经由勤劳智慧的民间手工艺人的经验总结、智慧开发，将竹丝篾片挑压交织，又探索创新了许多别致的新型产品，并逐渐深入人们生活的各个方面，蔓延开来。

竹编的制作方法主要经由竹编匠人将竹开篾，然后将竹篾进行经纬的编织。"经"一般指被挑压的篾，"纬"为编织的篾，不同变化节奏的经纬组合可以编织出千变万化的图案和形状。

在我国境内，由于气候和土壤的天然条件，竹子遍布我国境内，主要集中生长地为南方多雨水地区。现我国各省已有非常多极具代表性的竹编派别，又因各地竹编的影响力和技艺水平入选为国家级、市级、县级"非遗"项目，如浙江竹编、四川竹编、两湖竹编、福建竹编、云南竹编等。

竹编万花筒便是由东阳竹编国家非物质文化遗产传承人何红兵创作的公共艺术品，见图3.18。整个作品由150块竹编和50块彩色透片组成，交叉的竹编块面，分别采用了竹编的多种编织技法，并通过彩色的竹条将东阳竹编中常用的平编、四角孔编、六角孔编、斜纹编、米字形编织、自由编、双色并线编、大眼睛穿花编等多种编织形式重新组合，展现了中国非遗竹编的纹样之美。而一片片各种纹样的竹编片又与红、黄、蓝、绿各色透片相间组合，好似彼埃·蒙德里安的几何抽象风格作品，流光溢彩的竹编空间，极具现代审美意象。

图 3.18　竹编万花筒
（图片来源：搜狐网）

13. 青花瓷装置

陶瓷是中国国粹之一,在漫长的历史长河中,生产出了多姿多彩且独具特色的陶瓷艺术,青花瓷便是中国瓷器中极具代表性的一种。青花瓷,釉下彩绘瓷,是指在瓷胎制作完成后用原矿钴料调和成颜料,绘制纹样,然后再刷一层透明的釉料,再放置到1300摄氏度左右的窑中进行烧制。出窑后的瓷器,原本用钴料绘制的图案经由高温的烧制变成了青色,所以被称为"青花瓷"。青白相间的瓷面,清新明快,给人一种端庄典雅之感。

青花瓷以其独特的装饰纹样超越了一般民间工艺美术,充满着浓烈的民族色彩和强大的艺术张力。青花瓷的纹样装饰题材丰富,有历史典故、花鸟草木、人物故事、诗词歌赋、劳动人民的生活写照等多个方面。每一件青花瓷均讲述着中国的历史文明,其纹样镌刻着中华民族本土的文化风情。古今中外,无不受到大众的高度喜爱。

时下,随着国家对文化建设越来越重视,这类极具中国特色的文化元素再次回归大众视野。青花瓷纹样作为主要元素被广泛应用到建筑装饰和公共空间设计中。

青花瓷清新淡雅,将其纹样构成装饰到空间中,增添了空间的视觉冲击,给人以美的感受,又缓和了大众的精神状态。北京市地铁奥运支线北土城站就以传统青花瓷对地铁空间中的立柱进行了装饰。

北京地铁奥运支线北土城站的青花瓷立柱设计出自中央美术学院设计师之手,在北土城站地下一层,从地铁站入口处开始一直延续到乘坐电梯下地铁车厢,整个地铁大厅的墙面及地铁内部的立柱装饰都是将青花瓷艺术形式融入其中。28根高大的青花瓷圆柱屹立在地铁通道中央,印着传统的白底蓝花的青花瓷花纹图案,全花、半花交叉其中,错落有致,人在其中,仿佛置身中国陶瓷之境中(见图3.19)。

图 3.19　北京八号线北土城站"青花瓷"立柱

(图片来源:搜狐网)

青花瓷元素运用于城市公共空间,其陶瓷本身的材质加上青花瓷的图样纹饰赋予了整个空间美的感受,同时,陶瓷装饰与地铁周边环境融合,和谐一致。为保证场地效果,在设计上,设计团队并没有采用传统的瓷砖的形式去拼贴墙面,而是将高三米的圆柱分为两块设计,然后由专业人士进行烧制。最后将两半合拢在一起,才成就了一根根高大的青花瓷柱子,更加完美地得到预期展现效果。这些青花瓷图案是结合传统青花瓷制作原理,将图案印在搪瓷钢板上,再用800 ℃高温烧出,这样的柱子避免了褪色。据称,烧制的青花瓷柱能够保持100年色彩不变。

在公共空间应用青花瓷进行装饰设计,使得整个公共环境瞬间变得精美时尚,光洁亮丽的青花瓷立柱与灰色的地面和墙面形成对比,在灯光的辉映下,青花瓷立柱更显大气典雅、亲切和谐。在整个环境中青花瓷与公共艺术空间的各类设施融合得恰到好处,这类将传统元素融入城市空间中的建设创新为城市空间新增了活力。

14. 海上丝路

以"海"为主题的海上丝路公共艺术装置(见图3.20),使用竹结构和丝绸来搭建,体现出中国古帆船的轻盈灵动,象征优秀的传统文化以此为起点走向世界。[①] 漫步在装置周围,观众可以聆听到海浪在拍打着沙滩、海鸥高亢嘹亮的鸣叫。该装置是与非物质文化遗产传承人共同创作,共创作出了五十六个运用非遗技艺染织绣的水滴沙发,寓意着中国五十六个民族的繁荣和谐。

图 3.20　公共艺术装置"海上丝路"

(图片来源:微信公众号——公共艺术)

　① 公共艺术.海上丝路,坐在水滴里,听大海的声音[EB/OL].(2019-09-29).https://mp.weixin.qq.com/s/1iq3UnQj3ZMad9HoILQMHA.

造
型
非
遗
衍
生
设
计

续图 3.20

续图 3.20

作为一件沉浸式公共艺术体验装置,海上丝路集视、听、触为一体,让观者在欣赏装置的同时,能够感受大海的魅力,领略海上丝路历史文化魅力。让观者融入意境,成为大海里的一滴水,深入其中,相互交融。海上丝路装置,营造出一种平静深远的海之境,让观者切身体会海的感觉,聆听海的声音。装置所搭建的中国古帆船,由大小风帆构成一组,两组呈太极游动形态,观者可以从不同的角度走近欣赏。白色风帆的四周也是装置的一部分,四周放有56个水滴形沙发,用中国染织绣非遗技艺创作,可供观者欣赏休息。象征56个民族的水滴沙发,就像56滴水,汇聚在大海里,交融为一体。56个水滴形沙发集不同非遗染织绣技艺之所长,特色鲜明。白族扎染、侗族织锦、黎族织锦、崇明土布、丹寨蜡染、蓝印花布、羌族刺绣,展现了各具特色的非遗文化。观者可以静静地坐在沙发里,听着海浪声,感受时间的流逝。运用非遗元素的水滴形沙发休憩区,是整个装置设计中最具亮点的一处,观者可以坐在沙发上,听着海浪声和朋友家人聊天,或享受宁静的独处,仿佛进入了大海的平静世界。提供人与沙发亲密接触的机会,人能够自由伸展在沙发的空间里,让人感受着平静安详。这种公共艺术装置在艺术的表现形式上对非遗文化的传承,能够让人们从视觉、听觉以及自身实际的感受中去体会,更透彻地去了解非遗文化的内涵。非遗文化与艺术的结合,让人们对非遗文化的了解从理论深入实际,能够有切身实际的了解与感受,深入人心,让传统文化触达民众的当下生活。

上海作为对外贸易的海上通道,是海上丝路的重要港口城市,是连接各地经济文化发展的枢纽。上海是21世纪海上丝路的重要港口,牵手全国,面向国际,文化枢纽,展望未来。用竹结构和丝绸搭建的中国古帆船装置,以及用染织绣非遗技艺创作的休憩空间,营造了一个平静深远的海。不同于传统的舞台、秀场、展览和公共空间的展现形式,打破了功能边界,以一种新的形式展现关于"海"的穿越,展现民族工艺文化,让人们在公共艺术装置中去观赏、发现、了解非遗文化深层次的文化内涵,增强文化认同感,更好地传播非遗文化,保持非遗文化的生命力。

15. 百鸟林

百鸟林艺术装置(见图3.21),运用非遗传统手工艺营造出鸟林天堂的意境。该装置以"鸟"为主题,运用鸟的图形和故事,展现中国染织绣非遗技艺之美。装置选取了各民族织绣中与鸟类有关的,且具有各民族特色的图案,有40多幅巨型布条,蓝印花布、丹寨的蜡染、阿坝羌绣作品、苗族"百鸟衣"图案布艺品被高高地垂挂在铁架之上,由外至内围成5个圆圈,一些新型材料点缀其中,再现了中国染坊中的宏大场景。百鸟林装置高达7.5米,具有一种强烈的空间感,与展厅建筑的弧形框架形成了和谐的对话关系,并结合了展厅空间中建筑的声学特征,应用十声道360度环绕声,模拟自然界中百鸟鸣叫的场景,使其成为视听结合的独特装置。观众可在装置中漫步,耳边萦绕着百鸟之声,有置身于"百鸟天堂"之感。观众漫步在传统手工艺的鸟林天堂中,能够领略中国非遗技艺之美,亲身感受人与自然和谐共处之景。①

① 公共艺术协同创新中心.百鸟林,于城市中央听鸟鸣[EB/OL].(2018-09-22).https://mp.weixin.qq.com/s/rp7y6WX7fhCXbw3wjX2c4w.

图 3.21　百鸟林

（图片来源：公共艺术协同创新中心）

续图 3.21

　　在各民族传统手工艺中,织绣纹样丰富多样,其中花鸟鱼虫是最为典型的样式。整个百鸟林装置垂挂着中国各地染织绣非遗作品,各具特色,纹样丰富,远看如茂密树林,幽静而深远。南通蓝印花布、贵州丹寨蜡染、四川阿坝羌绣、苗族百鸟衣、民间剪纸、玉兰花鸟蒙镶技艺银壶、春鸟不锈钢果盘、良渚玉鸟开瓶器、花鸟创意女士戒指、鹤鸣云间蜀绣女鞋、东阳竹编飞鹤女士手包、刺绣花鸟蓝牙音箱、鸟语花香苗绣手包等特色非遗作品一一展现。百鸟林装置中的染织绣非遗,出自5位传承人和1位设计师:南通蓝印花布国家级传承人吴元新,贵州丹寨蜡染国家级传承人杨芳,四川阿坝羌绣青年传承人张居悦,剪纸传承人新疆杨爱凤和西安李凤英,青年设计师梁鑫鑫绘制了苗族百鸟衣图形纹样。丹寨和三都"白领苗"的蜡染工艺,主要运用在服饰和家居中,图案以花鸟鱼虫为主。其中鸟的图案最为生动有特色,动态流畅,形态简练传神。四川省阿坝州羌族女性在劳动间隙完成的民间刺绣,凤凰涅槃,浴火重生,振翅高飞,象征在经历地震后,阿坝重建家园。百鸟衣是苗族一个支系的服饰,他们以鸟为图腾。百鸟衣绣满了鸟、蛙、鱼、蝴蝶、蜈蚣、鸟头龙、太阳、铜鼓等图案,色彩艳丽丰富,彩条和羽毛组成裙,百鸟飞舞,令人惊艳。将传统非遗文化与现代艺术装置融合,用创新重新定义传承,助力非遗文化传承的可持续发展。

16. 2010 年世博会波兰馆

剪纸艺术虽源于中国,但在西方流传甚广、样式多变。许多设计师对剪纸技艺非常感兴趣,会将剪纸元素应用在设计上。将剪纸当中最为典型的镂空造型恰到好处地诠释出来的,当属2010 年上海世博会波兰国家馆(见图 3.22)。

图 3.22 波兰馆(1)

(图片来源:豆瓣网 设计:WWA Architects 建筑设计事务所的

Marcin Mustafa、Natalia Paszkowska、Wojciech Kakowsk)

波兰馆具有平面造型的基础特点,将这些线条相互连接起来,既有简洁的概括性,也富有独特的节奏和韵律。剪纸图案交织装饰在建筑的外观,在灯光的照耀下,场馆内部空间灵动优美,也把偌大的空间恰到好处地划分成了不同的功能区域。波兰馆不规则的造型,体现了设计师在创作中通过观察、分析和想象对物体进行抽象解构和具象概括的理念。这样的建筑设计对波兰剪纸的艺术特色进行了精彩的呈现。从造型上来说,外形追求简洁、单纯的设计手法,表达更真诚的艺术情感,简单却又不失个性,利用剪纸的镂空特性,创造性地应用在场馆的外观设计上,与场馆内部空间的采光、探索、分隔相呼应,符合现代设计的审美表现形式(见图 3.23)。

从风格上来说,配合灯光的建筑景观充满趣味,不矫揉造作,天真无邪,也迎合了剪纸艺术追求的洒脱风格。整体上,波兰馆呈现出波兰民间剪纸的独特风貌,风格也与一般建筑的设计特点不同。它是通过民间剪纸的艺术形式,表达出来的稳定、内敛、深刻的特色建筑。众所周知,剪纸的随机性能够创造出无尽的精美图纹,它们大多是以对称表达为基础的,波兰馆的特别之处就体现在当它作为一个整体呈现出来时,镂空图案是大气、灵动的,配以灯光效果非常耀眼夺目(见图 3.24)。

从材料上来说,建筑外形采用天然木材,摈弃过多的雕刻、装饰,保持自然、朴实无华的风格,同时也烘托出剪纸艺术质朴的趣味。波兰馆的设计从材料到建造都侧重于绿色环保的原

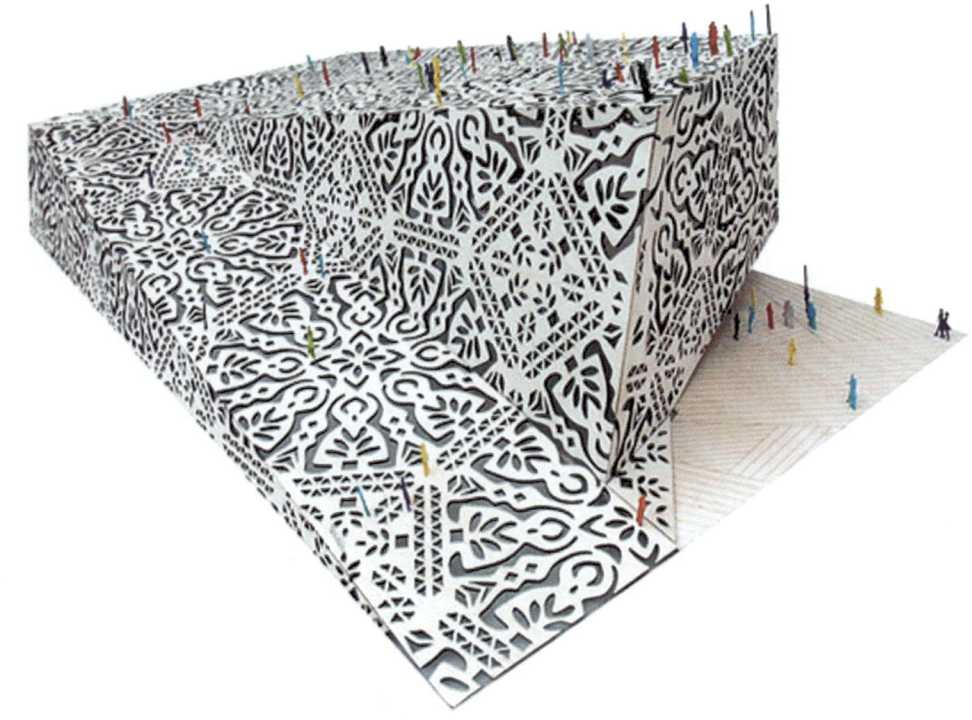

图 3.23　波兰馆(2)

(图片来源:豆瓣网)

图 3.24　波兰馆的夜景

(图片来源:豆瓣网)

则。空间的实用性体现在整个展厅的空旷与多变,为参观者提供一个独特的欣赏空间(见图 3.25)。波兰馆外立面采用激光切割防水木材,以剪纸的镂空图案来进行装饰,完美地展现了 2010 年上海世博会的总体目标,即人与环境和谐共存。

图 3.25　波兰馆内部

（图片来源：豆瓣网）

第
三
章

空
间
设
计
类

续图 3.25

17. 云华里非遗民宿

云华里·二十四景文化艺术酒店,位于洛邑古城非遗天街。云华里,让游客可以与"非遗"近距离接触,沉浸式地感受洛阳"非遗"。云华里的建筑面积约 3000 平方米,共有 24 间房间,分别以洛阳八大景、八小景及词牌名命名,门牌以三彩工艺制作(见图 3.26)。

图 3.26　客房门牌

(图片来源:公众号——花城美陶)

云华里非遗民宿,经知名设计师和众多的国家级、省级"非遗"大师精心创作、匠心打造,客房内根据各类"非遗"大师巧夺天工的作品陈设,具备二十四种别样的风情,如唐三彩、洛绣、珠绣等(见图 3.27)。在云华里非遗民宿,可以尽情地了解河南洛阳的历史文化、"非遗"特色。

云华里是为数不多的"非遗"民宿,将洛阳的"非遗"元素与洛阳的文化历史结合起来,融入大厅与房间的设计之中,古朴的"非遗"装饰、古色古香的室内陈设,令游客在游玩一天之后,入

图 3.27　店内三彩壁画

（图片来源：公众号——花城美陶）

住民宿之际还能沉浸在洛阳的文化之中，可谓"古都一梦梦千年"。

云华里有 24 间不同主题风格的房间，房间除了有"非遗"的装饰品和国风元素的茶器茶具，还注重舒适性和人性化。房间内有安逸舒适的起居空间、明亮洁净的洗漱空间、细致周到的日常用品，还有智能家居，不仅具有文化底蕴，还具有科技的元素。其根本是为了让顾客有更好的体验（见图 3.28）。

古城云华里，与繁华为邻，于宁静而居。民宿外热闹非凡，民宿内小苑闲庭幽雅静谧，从民宿中往外看去，全景式的观景台，将这座千年的古城尽收眼底（见图 3.29）。先辈们赠予我们的文化遗产，在此绽放出耀眼光辉。

造型非遗衍生设计

图 3.28 云华里客房

（图片来源：公众号——花城美陶）

图 3.29 云华里观景台

（图片来源：公众号——花城美陶）

18. 潮州御酒店

潮州御酒店(见图3.30),坐落在广东潮州牌坊街,是首家戏剧人文博物馆式酒店,由迪拜塔楼酒店设计师洪忠轩先生(潮州籍)一手打造,不仅漂亮奢华,而且具有文化内涵,还获得了第十一届"最佳设计酒店"大奖、最佳"艺术人文"入围榜单。

图 3.30　YUY HOTEL 潮州御酒店大门
(HHD 假日东方设计作品)

门口可见一尊金牛,是酒店的象征。以潮州著名典故"两只鉎牛一只溜"中寻找鉎牛为主线,一进酒店就可看到许多牛摆件(见图3.31)。

潮州御酒店整体沿用祖母绿的主色调,将潮州的戏剧、铜艺、雕艺、绣艺、陶艺、玉艺、花灯等非物质文化元素充分融合在酒店每一处,活化了潮州古城2000多年的时空过往。而房间内的墙面黛绿配姜黄的颜色,宛若"金镶玉"效果,质感高级。

(1)戏剧性

潮州御酒店的空间设计,用富有年代感的潮州特色古物与潮州的非物质文化遗产构成具有戏剧感的色彩关系,给人以一种浓厚的潮州氛围,入住潮州御酒店的顾客可以身临其境地体会潮州的文化特色。由此可见,潮州御酒店是一个具有"戏剧性"的现代酒店空间(见图3.32)。

(2)文化性

酒店改造了原百货大楼的副楼,保留了原百货大楼的五根柱子,通过这些柱子,我们看到了时间与历史的痕迹,悬挂的亭台楼阁与金色"六扇御门"将潮州的传统文化与现代时尚完美地融合。

造型非遗衍生设计

图 3.31　酒店内部(1)

图 3.32　酒店内部(2)

潮剧作为基因,湘子桥鎏牛为主线,将中国潮州的戏剧、铜艺、雕艺和花灯等非物质文化遗产工艺融入酒店设计中,饱满高雅的黛绿色与金色、朱红色交相辉映,富有高级而灵动的质感。色彩营造的"戏剧感"延伸至客房,调和成一片舒适而静谧的视觉感(见图3.33)。

图 3.33　酒店厅房

(3)艺术性

东方气质的古典雅韵,其艺术感被无限放大,既大方而又充满贵族气质,是藏匿不住的奢华意境(见图3.34)。

图 3.34　酒店装饰

（4）木雕非遗元素

潮州御酒店以潮州地区的文化为主线，将中国潮州"非遗"工艺与现代时尚融合，用心设计出具有潮州历史底蕴的"非遗"酒店，让潮州御酒店变成可以住的历史博物馆，顾客们可以沉浸式享受非物质文化遗产。其中原品木雕，便是现代酒店与非遗元素融合设计的一部分（见图3.35）。

造型非遗衍生设计

图3.35　潮州御酒店　木雕非遗元素

在酒店中可见一面特别设计的木雕墙，似一个小小的潮州木雕展，在光影下熠熠生辉，仿佛可见手艺人们千刀万凿的景象，日月星辉从身边飞逝，仍岿然不动，一心只在这手中刀、眼中木，不得不为非遗魅力所震撼。而在潮州御酒店独有在地文化体验活动中也可观赏到潮州各类木雕工艺品，充分感受木雕技艺的高超。

19. 川隈杂谈

川隈杂谈，从字面上看：川为四川之意；隈是山水弯曲的地方，意为大江大河、海纳百川；杂谈意为不仅可以吃饭，还可以聊天放松的地方。

"川隈杂谈"餐厅（见图3.36）被授予2018年德国红点设计"建筑与室内设计"类别"最佳设计奖"。此前该项目也获得2018年德国iF设计奖的室内设计奖。

川隈杂谈中主要的装修元素是四川的青神竹编（见图3.37和图3.38），用非物质文化遗产的元素来装饰餐厅，也是一次比较有创新性的尝试，且采用的是四川传统的青神竹编，也符合川

图 3.36 川隈杂谈餐厅

（图片来源：腾讯网　设计团队：自由思考）

限杂谈川菜的定位。此外，四川的青神竹编于 2019 年进入了《国家级非物质文化遗产代表性项目保护单位名单》。

图 3.37 餐厅一角

（图片来源：腾讯网）

中国的餐饮业现在是一个饱和的状态，国外的餐厅设计不断涌入中国，而坚持和坚守我们本土的传统文化变得尤为重要。那么我们如何坚持传统文化？非物质文化遗产就是一项重要

的媒介。川菜中有许多的蜀文化,是我们连接餐厅与传统文化的途径,所以川隈杂谈截取了四川最常见的竹子,以四川青神竹编这项非物质文化遗产为元素装修餐厅。而这些竹编都是设计师请手艺人来到"川隈杂谈"亲手制作,非常珍贵。

贯穿整个空间的竹网带着浓郁的川菜味道,让食客沉浸在"非遗"与美食之中。淡黄色的灯光与灰色的混凝土墙面和餐桌搭配相宜,符合四川雅俗共存的文化特色。经过文化传播者、文化使用者、文化观赏者等多种角色的参与,形成了一种传统的当代美学。

图 3.38　餐厅装饰

(图片来源:腾讯网)

在今天的国际货物流通中,工艺作品通过工厂的加工变得容易得到且价格低廉,青神竹编等传统手工艺品生产耗时、造型落后、商业模式落后单一,早已被淘汰到商品链的底层,工匠们生存艰难。当代民间尝试着推广手工艺品,出现高潮,无数的尝试却有许多相似之处,最终成功的很少。无论花朵多么美丽,关键还是根部提供的营养。在我们看来,中国民间艺术的土壤相对贫瘠,缺乏民间艺术的实地调查作为基础。为了打破这个断层,设计师团队多次进入四川。"川隈杂谈"也寻找了一个真正的民间艺术大师,手工编织在佛山的"川隈杂谈"餐厅,这可能是世界上最大的纯手工竹制品(见图 3.39)。当传统民间艺术在当代商业空间中运用时,就为餐饮业注入了创新的灵魂。我们看到了传统文化在餐厅中的体现,这些非物质文化遗产也在其他的领域中焕发生机。在传承和发扬"非遗"时,创新是非常重要的力量。

图 3.39　现场手工编织

（图片来源：腾讯网）

第三章　空间设计类

参 考 文 献

图书：

[1] 徐华铛. 中国竹编艺术[M]. 北京：中国林业出版社,2010.

[2] 鲁春晓. 新形势下中国非物质文化遗产保护与传承关键性问题研究[M]. 北京：中国社会科学出版社,2017.

[3] (日)柳宗悦. 工艺之道[M]. 徐艺乙,译. 桂林：广西师范大学出版社,2011.

[4] 张欣. 遗竹川西[M]. 北京：人民邮电出版社,2014.

[5] 李砚祖. 艺术设计概论[M]. 武汉：湖北美术出版社,2002.

[6] 袁清珂. 现代设计方法与产品开发[M]. 北京：电子工业出版社,2010.

[7] 周承君,何章强,袁诗群. 文创产品设计[M]. 北京：化学工业出版社,2019.

[8] 黄柏青. 设计美学[M]. 北京：人民邮电出版社,2016.

[9] 赵殿龙. 公共空间环境设计[M]. 北京：人民邮电出版社,2019.

[10] 任成元. 产品设计 品质生活[M]. 北京：人民邮电出版社,2016.

[11] 张昕. 造型类非物质文化遗产概论[M]. 武汉：华中科技大学出版社,2017.

[12] 张紫晨. 中国民俗与民俗学[M]. 杭州：浙江人民出版社,1985.

[13] 马知遥,孙锐. 文化创意和非遗保护[M]. 天津：天津大学出版社,2014.

[14] 孙长初. 中国古代设计艺术思想论纲[M]. 重庆：重庆大学出版社,2010.

[15] 王文章. 非物质文化遗产概论[M]. 北京：教育科学出版社,2013.

[16] (清)赵学敏. 本草纲目拾遗[M]. 北京：中医古籍出版社, 2017.

[17] (汉)许慎. 说文解字[M]. 长沙：岳麓书社, 2019.

论文：

[18] 白雅虹. 中国民族传统文化元素在现代标志设计中的运用[D]. 中央民族大学,2007.

[19] 蔡端懿. 当代博物馆标志形象设计趋势研究[D]. 江南大学,2011.

[20] 盛玉雯,李湖月. "沂蒙精神"之光影相守系列海报[J]. 设计, 2019,32(23).

[21] 李孟贾,霍楷. "国潮"风格海报设计研究与实践探索[J]. 设计,2021,34(09).

[22] 葛慧. 《湘·傩面》书籍装帧设计[J]. 科技与出版,2021(01):4.

[23] 杨元,那成爱,李天舒. 湘西傩面具造型艺术特征及其创意衍生品设计[J]. 包装工程, 2020,41(16):317-322.

[24] 程明月. 湘西傩面具文化创意产品开发设计[D]. 湖南工业大学,2019.

[25] 杨恩举. 民族艺术研究之精髓,装帧设计教学之楷模——评《曹雪芹风筝艺术》[J]. 出版广角, 2016(14):84-85.

[26] 李寒林. 论《梅兰芳藏戏曲史料图画集》的书籍设计[D]. 中国美术学院,2014.

[27] 廖江波,吴婉菁. 新余夏布绣的创新与衍生设计[J]. 包装工程,2020,41(06):313-317.

[28] 吴梦伟. 文旅融合背景下国家非遗新余夏布绣的文化创意产品设计研究[D]. 江西师范大

学,2020.

[29] 龙秀明. 黔东南苗绣文创产品创新设计研究[D]. 云南师范大学,2020.

[30] 祝梦秋. 浅析爱马仕丝巾的图案设计[J]. 中国民族博览. 2017(08):170-171.

[31] 叶茜. 传统皮影艺术从民间到新民间的当代时尚转化[J]. 服装学报,2021,6(01):76-80.

[32] 焦体盛,周子杰. "对话式设计——gmp建筑师事务所建筑作品展"开幕[J]. 中国国家博物馆馆刊,2013(09):155.

[33] 寒漪. "梳"心顺意——闲话古今梳篦[J]. 吉林艺术学院学报,2007(06):53-59.

[34] 谢汇. 剪纸在广告设计中的艺术美[J]. 艺术与设计(理论),2013,2(12):54-56.

[35] 王俊晓. 民间美术与现代广告设计交融之研究[D]. 南昌大学,2011.

[36] 倪姗. 竹编灯具设计的创新研究[J]. 工业设计,2021(03).

[37] 邓晓. 蜀锦文化初探[J]. 四川丝绸,2003(3):45-47.

[38] 乔熠. 传统蜀锦色彩的特征分析[J]. 艺术科技,2014,27(11):160.

[39] 拜存星. 内联升:国家级非遗布鞋生产性保护示范基地[J]. 西部皮革,2012,34(05):7-9.

[40] 陈思. 内联升传统手工千层底布鞋制作工艺[J]. 西部皮革,2019,41(04):7.

[41] 费怡敏. 青神竹编工艺研究[D]. 苏州大学,2008.

[42] 赵二保. 江南古典园林造园手法在现代建筑环境设计中的传承与创新——以贝聿铭设计的苏州博物馆新馆为例[J]. 安徽建筑,2021,28(05):17-18.

[43] 徐佳程,沈瑜. 浅析中国山水意象下的博物馆建筑设计——以宁波博物馆与苏州博物馆为例[J]. 建筑与文化,2021(05):57-58.

[44] 史璟婍. 中国现代建筑与园林中的诗情画意——以苏州博物馆为例[J]. 城市建筑,2021,18(09):172-174.

[45] 汤怡婷. 花丝镶嵌制作技艺的历史沿革与保护传承研究[D]. 南京师范大学,2020.

[46] 尹航. 现代花丝镶嵌工艺的设计探索[D]. 北京服装学院,2015.

[47] 于菁竹. 丹寨、榕江苗族蜡染的风格变迁与审美转型[D]. 中央民族大学,2020.

[48] 吴昉. "海派剪纸艺术"传承与发展研究[D]. 上海大学,2016.

[49] 刘星. 川剧脸谱在特产食品包装设计中的应用[D]. 昆明理工大学,2016.

[50] 肖秀英. 明式圈椅的设计研究[D]. 东北林业大学,2008.

[51] 刘香均. 明式圈椅的审美情趣和现代传承[J]. 艺术品鉴,2020(05):172-173.

[52] 王诗楠,刘鹤. 蓝染工艺发展前景及其在时尚领域的设计应用[J]. 轻纺工业与技术,2021,50(03):9-11.

[53] 肖劲蓉. 墩头蓝染在现代家具设计及软装中的创新研究[J]. 林产工业,2020,57(11):60-64.

报纸：

[54] 解读北京奥运会会徽[N]. 中国青年报,2003-08-04.

[55] 吴学安. 非遗IP授权能让传统文化活起来、火起来[N]. 中华读书报,2019-10-30(008).

[56] 文化部,工业和信息化部,财政部. 中国传统工艺振兴计划[N]. 中国文化报,2017-03-27.

网站：

[57] Jerry裴磊. 欣赏|博物馆标志,你的省会上榜了吗？[EB/OL]. (2021-01-18). https://

参考文献

mp. weixin. qq. com/s/npBJ-gpPNFS_iNju4mnFPw.

[58] 站酷网. "去哪儿·非遗非常潮"插画海报. https://m. zcool. com. cn/work/ZNDAxNjM0NjQ=. html.

[59] 粤港澳瞭望. 穿越时空,看尽大自然的造物之美——裔合禅艺空间赣州非遗店[EB/OL]. (2020-09-07). https://www. sohu. com/a/416892151_120620622.

[60] 牛颂民族史话. 入围影片简介(一):第三届"中国民族志纪录片学术影展"[EB/OL]. (2019-10-25). https://www. sohu. com/a/349552562_120138317.

[61] 中国文明网. 系列纪录片《了不起的匠人》第三季关注师承[EB/OL]. (2018-01-15). http://www. wenming. cn/wmzh_pd/jj_wmzh/201801/t20180115_4559096. shtml.

[62] 《滇峰·视点》第三期——传承的可能性. https://www. iqiyi. com/v_kbmdfk38b8. html.

[63] 苏州好风光. 风光设计 | 桃花坞木版年画＋文创,让非遗走进生活[EB/OL]. (2021-04-25). https://mp. weixin. qq. com/s/qhcYmVjN19lNl2LTBrh4Yw.

[64] 一条生活馆. 瓷中珍品——龙泉黑胎青瓷,含蓄素雅,可收藏传家![EB/OL]. (2021-04-08). https://mp. weixin. qq. com/s/LiX5TCCZEPOtD34DRTXXhQ.

[65] 忘川临溪. 用半生孤独去找寻远方——《寻找手艺》纪录片赏析[EB/OL]. https://zhuanlan. zhihu. com/p/144829465.

[66] 尚之以琼华.《寻找手艺》——这是我看过的最耿直的纪录片[EB/OL]. https://zhuanlan. zhihu. com/p/30342764.

[67] Vincent.《寻找手艺》纪录片短评[EB/OL]. https://movie. douban. com/review/10405933/.

[68] 狄鑫. 中南民大皮影艺术工作坊惊艳亮相大艺展[EB/OL]. (2021-05-15). http://www. ctdsb. net/html/2021/0515/edit384817. htm.

[69] 首席营销官. 金融产品与非遗也能联名?看民生信用卡重新演绎东方传统美学[EB/OL]. (2020-10-22). https://www. cmovip. com/detail/6045. html.

[70] 腾讯网. 去过北京,逛过胡同,但你肯定没有探秘过这场藏在北京胡同里的皮影戏![EB/OL]. (2020-11-28). https://mp. weixin. qq. com/s/nvIgUj3-eUGR02wuU4q8Ig.

[71] 苏州博物馆. http://nova-hardware. com/case/casesdetail_6. shtml.

[72] 快资讯. 中国的非物质文化遗产——秦淮灯会[EB/OL]. https://www. 360kuai. com/pc/9b808bf67bf7674d6? cota＝4＆kuai_so＝1＆tj_url＝so_rec＆sign＝360_57c3bbd1＆refer_scene＝so_1.

[73] 江苏地情网. 秦淮花灯艺人访谈[EB/OL]. http://jssdfz. jiangsu. gov. cn/art/2015/5/22/art_57408_6874055. html.

[74] 扬光照明. 阳朔戏楼. https://www. gxyg66. com/case/caseview_358. html.

[75] 景观中国网. 金华市区燕尾洲公园今日正式开放[EB/OL]. (2014-05-21). http://www. landscape. cn/news/25953. html.

[76] 凤凰网时尚. 景泰蓝壁画[EB/OL]. (2010-10-10). http://fashion. ifeng. com/news/detail _2010_10/10/2736908_0. shtml.

[77] 公共艺术. 海上丝路,坐在水滴里,听大海的声音[EB/OL]. (2019-09-29). https://mp.

weixin. qq. com/s/1iq3UnQj3ZMad9HoILQMHA.

[78] 公共艺术协同创新中心. 百鸟林, 于城市中央听鸟鸣[EB/OL]. (2018-09-22). https://
mp. weixin. qq. com/s/rp7y6WX7fhCXbw3wjX2c4w.

[79] 豆瓣网. 2010 上海世博会波兰馆[EB/OL]. (2011-09-27). https://site. douban. com/
119902/widget/notes/5123434/note/174902832/.

[80] 澜德斯智库. 杨柳青古镇如何用非遗文化点亮 5A 级景区景观品质? [EB/OL]. (2018-06-
11). https://m. sohu. com/a/235037687_100175017.

[81] 洛阳文旅. 夜归古城繁华处, 一枕幽居云华里.

[82] HHD假日东方. HHD假日东方设计作品:YUY HOTEL 潮州御酒店[EB/OL]. (2019-
06-18). https://www. sohu. com/a/321284997_99947813.

[83] 文凡臻选. 以人文旅居精奢姿态, 潮州御酒店启幕潮汕[EB/OL]. (2018-11-28). https://
mp. weixin. qq. com/s/TfxYVNYMVYBIxli-wKUE9Q.

[84] 刘嘉淇, 黎芷晴. 自由思考——无边界, 不思考[EB/OL]. http://www. infinitynide. com/
pviews. asp? yid=6.

[85] 搜狐网. 他们从大山里请出老艺人, 只为打造竹编餐厅[EB/OL]. (2018-09-18). https://
www. sohu. com/a/254670199_768423.

[86] 世纪珍藏. 悦目赏心, 古代龙鳞装今世再现[EB/OL]. (2017-02-19). https://m. sohu.
com/a/126639661_568377? ivk_sa=1024320u.

参考文献

后　记

近年来，非物质文化遗产在传承和保护领域，取得了显著成绩，也探索出了一条有中国特色的路径。但是，"非遗"的生产性保护，也面临着诸多难题。最为突出的问题，表现在传统与现代、原真与市场、民族性与世界性之间，尚待交融贯通。事实证明，非物质文化遗产，需要借助衍生品设计和文创化设计，才能成功走向大众消费。在走向大众消费市场过程中，时代精神与艺术内涵之间，存在艺术内涵对时代精神和时代审美如何表达的问题。

一般而言，"非遗"的时代精神需要在三个维度加以表达——时空性维度、真实性维度、审美性维度。时空性维度，指时间维度和空间维度的交互，体现为传统、现代、未来三个历时性层面的物化表达，必须在空间维度中同步呈现，即体现为民族性与世界性的共时性交融。真实性维度，体现为现实性与超越性的统一，非物质文化遗产经典元素提取的忠实性，与衍生文创设计的超越性交互融汇、有机统一。审美性维度，指"非遗"的时代精神，需要在衍生和文创设计中升华和嬗变，审美的个性必然要和审美的社会性有机融合，让公众接受，进入大众审美消费。"非遗"的衍生设计就是要解决生产性保护中面临的，审美性维度对时代精神的表达、历史性传承与现代性和时尚性的呼应、古典性传承与现代性创新的统一、民族性的彰扬与世界性的同步观照。

本书是近年湖北省非物质文化遗产研究中心（湖北美术学院）和相关课题团队，对非物质文化遗产衍生设计和文创原理研究、案例研究的梳理和审视，也是对湖北美术学院非物质文化遗产学科研究和研究生培养工作成果的总结。如今，本书在几经波折之后，终于得以付梓。我和参编团队的师生们，深感欣慰。

在书稿编撰工作中，王珺、田星、吕震、向嘉汇、刘祖喆、李文雅、杨娜、肖清风、吴施婵、吴羡羡、陆瑶瑶、范军妮、胡挽澜、黄晓琪、黄鑫、章琪、盖月月、韩宇佳、喻琴、曾知燕、管悦、颜慧（按姓名笔画排序）等师生，在参考文献检索、参考文献综述、经典案例收集、相关章节编撰、注释核对等工作的台前幕后，辛勤工作，在此一并致谢。湖北省非物质文化遗产研究中心吴施婵助理，为办理出版事务，付出了艰苦努力，做了很多积极有益的工作。

非物质文化遗产的生产性保护，任重道远，期待本书在这场波澜壮阔的"非遗"传承保护和应用创新的大潮之中，播撒美育的种子，为营造"至真至美"的"非遗"衍生之路，做出我们的绵薄贡献。

张昕

2022 年 6 月 22 日